BESTSELLER

ROBERT T. KIYOSAKI

Padre rico, padre pobre para jóvenes

¡Los secretos para ganar dinero que no te enseñan en la escuela!

DEBOLS!LLO

Título original: *Rich Dad Poor Dad for Teens*

Primera edición: junio de 2020

This edition published by arrangement with Rich Dad Operating Company, LLC.
Esta edición es publicada en acuerdo con Rich Dad Operating Company, LLC.

©2013 by Robert Kiyosaki

Traducción: Fernando Álvarez del Castillo
©Diseño de cubierta: Insync Graphic Studio, Inc.
Adaptación: Antonio Ruano Gómez
Diseño de interiores: José Manuel Caso-Bercht

© 2016, derechos de edición mundiales en lengua castellana:
Penguin Random House Grupo Editorial, S. A. de C.V.
Blvd. Miguel de Cervantes Saavedra núm. 301, 1er piso,
colonia Granada, delegación Miguel Hidalgo, C.P. 11520,
México, D.F.
©2023, de la presente edición en castellano:
Penguin Random House Grupo Editorial USA, LLC
8950 SW 74th Court, Suite 2010
Miami, Florida 33156

www.megustaleerenespañol.com

ISBN: 978-1-644731-96-3

Impreso en Colombia - *Printed in Colombia*

23 24 25 26 27   10 9 8 7 6 5

Índice

He aquí el libro en pocas palabras. Considera estas páginas como "el corto de una película", la versión en cinco minutos de lo que estás a punto de leer.

Introducción:

Tu trayecto a la independencia financiera comienza aquí.

Es posible que te preguntes: "¿Por qué debo leer un libro acerca del dinero? Soy un adolescente, no tengo mucho dinero". Si ése es el caso, tú eres precisamente la persona con quien quiero hablar. Mientras más pronto comiences a aprender acerca de dinero, más fácil te resultará obtenerlo, y menos tendrás que preocuparte por él cuando seas más viejo.

Primera parte:

El lenguaje del dinero.

En lo que se refiere al dinero, "¡Piensa más allá del billete!" Necesitarás tener una disposición mental diferente a la que probablemente recibiste al crecer en la escuela y el hogar. Esta sección trata sobre la manera de aprender acerca del dinero. ¿Y adivina qué? ¡Cualquiera puede hacerlo!

Capítulo 1:

La inteligencia financiera:
Una nueva manera de aprender.

¿Sabías que si la nueva información en ocasiones parece difícil de absorber, el problema puede estar en la manera en que te enseñan? ¿Qué te parece ese nuevo concepto? Existe más de una manera de aprender. Es más, es posible que la escuela no te esté enseñando todo lo que necesitas saber para tener éxito en la vida, especialmente en lo que se refiere a cosas prácticas como el dinero. Sigue leyendo.

Segunda parte:

Los secretos del dinero de mi padre rico.

Cuando yo crecía, el padre de mi amigo Mike, a quien yo llamo "mi padre rico", me transmitió sus secretos acerca del dinero. Ahora yo los compartiré contigo.

Capítulo 2:

El secreto del dinero de mi padre rico:
Las nuevas reglas para ganar dinero.

¿Todavía te dicen tus padres y maestros que obtener una buena educación conduce a tener un buen trabajo y seguridad financiera, una casa bonita, dos automóviles en la cochera y mucho dinero para el retiro? Eso pudo haber sido cierto cuando ellos eran chicos, pero no es verdad ahora. Es tiempo de deshacernos de esa receta anticuada y comenzar con algunos ingredientes nuevos.

Capítulo 3:

El secreto del dinero de mi padre rico:
Trabaja para aprender, no para ganar dinero.

Todo lo que hagas, sin importar qué tan pequeño o aburrido sea, ofrece oportunidades de aprendizaje. Este capítulo te hará considerar el profundo significado de cosas como limpiar tu habitación, sacar la basura o colocar latas en las repisas.

Capítulo 4:

El secreto del dinero de mi padre rico:
"Mi dinero trabaja para mí".

¿No sería maravilloso si todos pudiéramos sentarnos y mirar al dinero venir a nosotros? Si ése fuera el caso, tú estarías leyendo un libro sobre magia. Sin embargo, es posible hacer que tu dinero trabaje para ti sin tener que recurrir a la magia, y este capítulo te enseñará cómo comencé a aprender la manera de hacerlo cuando tenía nueve años de edad.

Capítulo 5:

El secreto del dinero de mi padre rico:
Crea dinero.

La vida está llena de altibajos, ganancias y pérdidas, días buenos y malos. En el mundo financiero llamamos a esas cosas "activos" y "pasivos". Uno pone dinero en tu bolsillo y el otro lo extrae. Este capítulo te enseñará la manera de mantener tus bolsillos llenos a reventar e incluye la ÚNICA regla que necesitas recordar si quieres ser rico.

Capítulo 6:

El secreto del dinero de mi padre rico:
Todo depende del flujo de efectivo.

Los ricos siguen siendo ricos debido a que conocen el secreto del flujo de efectivo. Ellos cubren sus gastos con el ingreso que proviene de sus activos y canalizan el resto de sus ingresos hacia sus pasivos. La explicación de lo anterior en este capítulo con ayuda de un diagrama sencillo te mostrará qué sencillo es. ¡Nunca más te sentirás intimidado por los estados financieros!

Capítulo 7:

El secreto del dinero de mi padre rico:
Practica juegos de mesa para aprender.

Escuchaste bien: Practicar juegos de mesa puede ser una de las partes más efectivas del proceso de aprendizaje. Éste es un capítulo divertido.

Tercera parte:

Crea tu propio flujo de efectivo.

Esta sección te proporciona alguna información básica sobre el dinero: cómo ganarlo, cómo distribuirlo y la manera no sólo de conservarlo, sino de hacerlo crecer.

Capítulo 8:

Oportunidades de ganar dinero para jóvenes.

Es posible que ir a la escuela sea actualmente tu trabajo "de tiempo completo", pero hay mucho tiempo durante la semana para trabajar en oportunidades de negocio y hacer la tarea. En este capítulo aprenderás la gran diferencia entre tener un trabajo donde sepas exactamente cuánto dinero ganarás cada semana, y crear maneras interesantes de ganar dinero, en que tú seas el jefe y el cielo sea el límite.

Capítulo 9:

Maneja tus activos.

He aquí una idea atractiva: *Págate primero.* Suena bien, ¿No es así? Este capítulo perfila la filosofía de mi padre rico sobre la mejor manera de distribuir tu dinero, así como la verdad sobre qué hacer una vez que hayas llenado tus propias alcancías: ¡Mueve ese dinero! En realidad, es la mejor manera de permanecer libre de deudas. Pero si ya estás endeudado, pasa al siguiente capítulo.

Capítulo 10:

Maneja tu deuda.

Es posible que te preguntes por qué un libro acerca del dinero se refiera a NO tener dinero. O estás hojeando el libro y estás listo para pasar a este capítulo porque has cometido un error y has gastado un poco (o MUCHO) más del dinero que tenías. A menos que recién le hayas comprado a todos los miembros de tu familia un automóvil deportivo de alto rendimiento, existen muchas posibilidades de que el daño pueda ser corregido, pero mientras más viejo seas se volverá más difícil. Este capítulo te dice cómo salir de deudas antes de hundirte mucho en ellas, ¡Y cómo utilizar una tarjeta de crédito de la manera CORRECTA!

Conclusión:

Tu ventaja financiera.

Unas cuantas ideas finales antes de que te enfrentes al mundo REAL: un mundo que ofrece oportunidades a cada paso para impulsar tu éxito personal. No existen límites para lo que puedes hacer si crees en ti mismo. ¿Listo para comenzar? ¡Vamos!

Tu trayecto a la independencia financiera comienza aquí

Contesta estas preguntas:

¿Algunas veces sientes que lo que aprendes en la escuela no tiene nada que ver con tu vida?

Sí / No

¿Sientes que la escuela no te prepara para el mundo real?

Sí / No

Cuando quieres comprar algo que es importante para ti, ¿te dicen generalmente tus padres que no pueden pagarlo?

Sí / No

¿Te preocupa en secreto que no puedas vivir de la manera en que quieres hacerlo cuando vivas por tu cuenta?

Sí / No

¿Realmente quieres aprender acerca del dinero, pero nadie habla acerca de ese tema contigo en la casa o en la escuela?

Sí / No

Si has respondido "sí" a dos o más de esas preguntas, este libro es para ti. Yo tuve dificultades con estas situaciones cuando estaba creciendo. No siempre tuve un buen desempeño en la escuela. Estuve muy cerca de tener que repetir el décimo grado. Hoy en día llevo exactamente la vida que quiero; una vida que incluye una absoluta libertad financiera.

Es posible que tú ya tengas dificultades para lograr libertad e independencia financieras en todos los aspectos de tu vida. Incluso aunque no tengas que pagar renta o cargar gasolina al automóvil de tu familia, es probable que pienses en la manera de sufragar tu vida social.

Quizá ya estés ahorrando para algo grande, como una computadora nueva o un automóvil. Si ése es el caso, este libro te ayudará a hacer que tu dinero crezca más rápidamente y que obtengas lo que deseas más pronto. Es posible que tengas dificultades para encontrar la manera de pagar el precio de ir al cine una vez a la semana, comprar discos compactos o adquirir un regalo para alguien especial.

Ya sea que tengas una mesada o un trabajo después de la escuela o durante los fines de semana, quizá desees aprender sobre la manera de hacer un presupuesto y de hacer rendir tu dinero. Si ese es el caso, ¡este libro es para ti!

O quizá eres uno de los muchos adolescentes cuyo ingreso es en realidad necesario porque tus padres no son capaces de proveer para toda la familia. Muchos adultos aprendieron reglas anticuadas sobre la seguridad financiera y fueron sorprendidos —y derrotados— cuando las reglas cambiaron. Desafortunadamente, muchos de sus hijos también sufrieron como resultado de lo anterior.

Padre rico, padre pobre para jóvenes: ¡Los secretos para ganar dinero que no te enseñan en la escuela! cubre algunas cosas realmente importantes que aprendí cuando estaba creciendo. Mi padre me enseñó a obtener mi educación mediante trabajo escolar. El padre de mi mejor amigo, Mike, me dio un empleo y me enseñó acerca de otro tipo de educación, una que aprendí en el mundo real.

Aprendí mucho de ambos padres. Ellos creían en la educación pero tenían perspectivas completamente diferentes acerca del dinero. Uno de ellos se ocupaba mucho del dinero (el padre de Mike) y el otro no se ocupaba del tema en absoluto (mi padre). Uno se preocupaba acerca de nunca tener suficiente dinero (mi padre). El otro pensaba sobre el dinero y sobre la manera de obtener el poder sobre éste (el padre de Mike).

Mi padre tenía muy buena educación, pero a pesar de ello solía decir que nunca sería rico. Decía: "El dinero no importa". El padre de Mike decía: "El dinero es poder". Mi padre siempre tuvo dificultades para cubrir sus gastos. El padre de Mike siempre tuvo mucho dinero. Yo necesité de ambos para ser lo que soy actualmente. Ellos me enseñaron que existen muchas maneras de ser rico. La educación es una manera de ser rico. La riqueza financiera es otra manera de ser rico.

Padre rico, padre pobre

A lo largo de mi carrera gané suficiente dinero, propiedades inmobiliarias y activos en papel para retirarme a edad temprana y para disfrutar cabalmente las grandes cosas que la vida ofrece. También he escrito cierto número de libros. Mi primer libro, titulado *Padre rico, padre pobre*, trató de mi propia educación financiera personal. En el libro me referí a mi padre real como mi "padre pobre", y al padre de Mike como "mi padre rico". Al etiquetarlos de esa manera no estaba criticando a ninguno de ellos, sólo quise hacer hincapié sobre las diferentes maneras en que la gente piensa respecto del dinero y las metas que fijan.

Mi padre rico siempre me dijo: "Si quieres hacer algo —y crees que puedes hacerlo— lo más probable es que lo realices". Mi padre rico siempre pensó que podía ser rico, y lo logró. Escribí *Padre rico, padre pobre* para ayudar a las personas que realmente quieren ser ricas a lograr sus metas financieras. El libro tuvo éxito y se volvió muy popular. En él ofrecí algunos puntos de vista sobre el dinero que eran diferentes a los que todos estaban acostumbrados a escuchar, pero que reflejaban las realidades de la cambiante economía de hoy, y el mensaje tuvo sentido para personas con todo tipo de antecedentes y experiencias.

He viajado y pronunciado discursos sobre *Padre rico, padre pobre* y los demás libros que he escrito desde entonces. La gente a menudo se acerca a mí para formular preguntas sobre la manera de enseñar a sus hijos acerca del dinero, por lo que escribí el libro *Padre rico, hijo inteligente*, con el fin de ayudar a los padres de familia a hacer lo mismo. Ahora he decidido escribir un libro especialmente para jóvenes, y es éste que sostienes en tus manos.

Educación financiera

¡Felicidades por escoger este libro! *Padre rico, padre pobre para jóvenes* te enseñará uno de los temas más importantes que no se enseña en la escuela: educación financiera. Cuando las personas hablan sobre educación, generalmente se refieren a la manera de leer bien. El término es más amplio. La educación también se refiere a ser bueno en algo. Yo diría que es ser capaz de hablar el lenguaje de cierto campo del saber. Para hablar acerca de dinero se requiere de todo un nuevo lenguaje. Este libro te ayudará a hablar con fluidez el lenguaje del dinero.

Existen muchas maneras de ser bueno en algo. "Ser bueno" en asuntos de dinero no siempre es fácil. Es algo que tienes que aprender y practicar. Es posible que estudies economía en la escuela, o incluso aprendas cómo obtener el saldo de una chequera en la clase de matemáticas, pero es posible que ése sea el límite de la educación financiera que forma parte del programa de estudios. Y gran parte de lo que se enseña es "teórico", en vez del vocabulario real para situaciones de la vida real. La escuela se relaciona frecuentemente con estudiar, en vez de *practicar*.

Este libro retomará lo que la escuela ha dejado sin concluir. Te proporcionará el lenguaje y la comprensión que necesitas para obtener la confianza necesaria para hacerte cargo de tu vida financiera, ya sea que eso signifique comenzar tu propio negocio o, simplemente, ser capaz de sostener una conversación con alguien que pudiera convertirse en tu mentor financiero, tu propio "padre rico". Mientras algunos de tus amigos posiblemente pasen la mayor parte del tiempo en el sofá frente al televisor, sin ir a ninguna parte, tú podrías dedicarte a actualizar tus estados financieros, dar seguimiento a tus acciones bursátiles mediante internet, o tener una "tormenta de ideas" sobre negocios con otros amigos que, como tú, quieren tener sus propios activos en vez de pasivos.

¿Estás asintiendo con la cabeza en señal afirmativa? ¿O te preguntas qué quieren decir los términos que acabo de mencionar? Sin importar qué tanto o qué tan poco sepas en este momento, para cuando termines de leer este libro serás capaz de hablar el lenguaje del dinero con mayor fluidez. Comenzarás a comprender la manera en que el dinero funciona y cómo puede trabajar para ti. Tu trayecto hacia la educación financiera comienza aquí, en este momento.

En realidad comencé a aprender acerca del dinero cuando sólo tenía nueve años de edad, en el momento en que el padre de Mike —mi padre rico— se convirtió en mi mentor. Ahora compartiré contigo lo que mi padre rico me enseñó.

Pensar en números

Existen otros libros que te explicarán detalladamente cómo abrir una cuenta de banco, obtener el saldo de una chequera y revisar el precio de una acción en la bolsa de valores. Pero no te dirán cómo pensar acerca del dinero. Los adultos a menudo consideran que el dinero es un "mal necesario", algo que requieren para pagar sus facturas, contar y volver a contar, algo en qué obsesionarse o sobre qué preocuparse. Nunca parece haber suficiente dinero. Pero te guste o no, el dinero es algo que siempre te acompañará a lo largo de tu vida, por lo que necesitas sentirte cómodo acerca del tema, no temeroso como se sienten muchos adultos. Si te educas acerca de la manera en que funciona el dinero, obtendrás poder sobre él y podrás comenzar a crear *riqueza*.

La educación financiera te permite no sentir miedo en temas de dinero, y ver el verdadero valor de éste. La verdadera riqueza va más allá y se mide en más que el efectivo. El éxito en la vida es más que el éxito financiero. Eso es algo que aprendí cuando estaba creciendo, y mi misión estriba en transmitir este mensaje a tantos jóvenes como pueda para que las siguientes generaciones sean responsables y conocedoras —y poderosas— en lo que respecta al dinero.

La escuela es sólo el principio

A menos que estés planificando convertirte en doctor o abogado, o ingresar a una profesión para la que se requiera un grado académico especial, es posible que no necesites ingresar a ningún programa de capacitación formal después de la preparatoria o la universidad para ganar dinero si buscas grandes oportunidades de aprendizaje en un empleo. De hecho, es posible que te paguen por aprender en el mundo real en vez de pagar una matrícula muy alta para aprender en un ambiente de salón de clases. Tu educación financiera te capacitará en el empleo.

¿Estoy diciendo que la educación no es importante? De ninguna manera. La educación es la base del éxito. Sólo digo que la escuela es sólo uno de los lugares en que se puede aprender. Vamos a la escuela a obtener aptitudes académicas y profesionales. Pero en gran medida aprendemos las habilidades financieras en el mundo real.

¿Recuerdas la época en que aprendiste a andar en bicicleta? Es posible que hayas comenzado con una bicicleta dotada de ruedas de apoyo, y que un día hayas estado listo para andar en dos ruedas. Quizá alguien sostuvo la bicicleta hasta que te sentiste estable, y entonces te dejó en libertad. Quizá avanzaste en zigzag algunas veces, o incluso te caíste una o dos ocasiones. Pero lo más probable es que hayas vuelto a montar la bicicleta y a volver a intentarlo hasta que finalmente aprendiste a mantener el equilibrio, mediante prueba y error, poder mental.

¿No sería divertido si tus padres te hubieran llevado a una escuela especial para aprender a andar en bicicleta? Hubiera sido un desperdicio de dinero. Existen cosas que tú aprendes en la escuela y cosas que aprendes en la vida: cómo caminar, atar las cintas de tus zapatos, andar en bicicleta, y la mayoría de las cosas que tienen que ver con el dinero.

Me refiero a un nuevo tipo de educación. El mejor doctor del mundo puede tener una gran educación médica, pero es posible que no sepa nada sobre las finanzas. Él o ella puede ser capaz de salvar una vida en una mesa de operaciones pero puede tener problemas para dirigir un consultorio que gane dinero.

¿No es sorprendente pensar que tú puedes obtener un conocimiento que tu doctor —o tus padres— pueden no tener? ¡Eso es poder!

Diario: ¿Qué quiero?

Tú sabes acerca de diarios. En ocasiones tienes que llevar un diario para tu clase de español. Pero los mejores diarios son aquellos que llevas para ti mismo: donde expresas tus ideas más profundas acerca de tu vida real. Se siente bien escribir acerca de tus sentimientos, y en ocasiones ayuda a expresar algo que te molesta y que ni siquiera sabías que estaba enterrado en tu interior.

Escribir acerca de tus sentimientos y experiencias con el dinero es una manera de ayudar a descubrir en dónde estás y a dónde quieres ir desde el punto de vista financiero. Un diario puede convertirse en un lugar donde no sientas culpa o no te sientas extraño al hablar acerca de dinero. Recuerda, parte de mi objetivo es ayudarte a sentirte cómodo y poderoso con un tema que frecuentemente constituye un tabú en la casa o la escuela. Puedes comenzar a lograr que algo que parece abstracto se sienta real al plasmar tus ideas en el papel.

Consigue un cuaderno —¡el color verde, el del dinero, sería un buen color para las tapas!— y plumas de diferentes colores, y conserva esos objetos cerca mientras lees este libro. Tu "Diario del padre rico" puede ayudarte a planificar tu propio trayecto financiero conforme aprendes más acerca del mío.

¿Por qué no comenzar por escribir todas las cosas que quieres? Permite que las ideas inunden tu cerebro, como si estuvieras creando una lista de deseos para tu cumpleaños. Escribe con las plumas de diferentes colores —eso ayuda a ser más creativo— y dibuja ilustraciones si lo deseas. ¡Es bueno dibujar garabatos! No es necesario que la lista que elabores se relacione sólo con el dinero. (Desde luego, puedes escribir "automóvil", pero también puedes escribir "ingresar al grupo de porristas de la escuela", o "conseguir el papel principal en la obra de teatro escolar"). Lleva contigo el cuaderno durante el día para apuntar las ideas o pensamientos que se te ocurran. ¿Qué quieres en tu vida?

La tarea de escribir tu diario también te ayudará a dar seguimiento a tu avance mientras lees este libro. Toma en cuenta que estás escribiendo para ti mismo, sin que nadie vaya a darte una calificación o a juzgarte. Tu diario es un lugar muy seguro.

Primera Parte

El lenguaje del dinero

Capítulo 1

La inteligencia financiera:
Una nueva manera de aprender

Tú eres inteligente

Antes que nada, aclaremos algo: ¡Tú eres inteligente! Quería asegurarme de que sabes eso desde el principio. Cuando yo estaba creciendo, mi padre siempre me dijo que todos nacemos inteligentes, que cada niño tiene un tipo especial de genio. Me gustaba esa idea. Incluso a pesar de que no siempre tuve un buen desempeño en la escuela, en cierta forma sabía que la razón de ello no se relacionaba conmigo. Yo no era estúpido. Simplemente aprendía de manera diferente a la forma en que los maestros en la escuela esperaban que yo aprendiera.

Mi padre me enseñó a tener una buena actitud respecto del aprendizaje. Me enseñó a encontrar la mejor manera de aprender. Si no hubiera hecho eso, hubiera reprobado y abandonado la preparatoria o la universidad. Probablemente no me hubiera preparado para mi vida financiera. Y no hubiera tenido la confianza necesaria para ser quien soy actualmente.

Todos aprendemos de manera diferente. La clave consiste en encontrar la manera en que aprendes mejor. Cuando logres lo anterior, descubrirás tu propio genio personal.

Un genio es alguien que logra la excelencia en algo. Pero un genio no necesariamente es bueno en todo. De hecho, un genio generalmente tiene una habilidad especial en un área mientras que tiene habilidades promedio en otras.

¿Sabías que Albert Einstein, el autor de la teoría de la relatividad ($E=mc^2$), nunca tuvo un buen desempeño en la escuela? No era bueno para memorizar datos y sin embargo se convirtió en uno de los más grandes pensadores matemáticos de todos los tiempos. Su cerebro se enfocaba en las ideas, en vez de los hechos. Él decía que los datos podían ser encontrados en los libros, así que nunca sintió la necesidad de mantenerlos en su cabeza porque quería tener la mente despejada para pensar de manera creativa.

El sistema escolar nos pide que mantengamos los datos en nuestra mente. ¡Pero cuando salimos de la escuela generalmente sólo necesitamos saber dónde se guardan los datos para buscarlos o saber a quién llamar cuando los necesitemos!

La manera en que se mide nuestro desempeño en la escuela tiene muy poco que ver con qué tan inteligentes somos en realidad o qué tan exitosos podemos ser. La manera en que actuamos en la escuela es generalmente sólo una medida sobre qué tan bien presentamos los exámenes. No constituye una medida verdadera del genio con que naciste.

Todos nacen como genios

Toma nuevamente tu cuaderno y elabora una lista de las personas que conoces. Trata de reunir 20 nombres. Incluye personas de la escuela, familiares, incluso maestros. Pon tu nombre al principio de la lista. Escribe junto a cada nombre aquello en que esa persona es buena, sin importar qué sea. ¿Tienes un amigo que se sienta inmóvil y siempre da golpecitos en el suelo con el pie, siguiendo un ritmo que lleva en la mente? Escribe eso. ¿Puede tu hermana completar el crucigrama en 10 minutos utilizando una pluma, sin consultar el diccionario una sola vez? También apunta eso. ¿Puedes resolver casi cualquier problema de la computadora? Escribe eso en el cuaderno.

Este ejercicio te ayudará a lograr un par de cosas. Es la primera vez en tu diario financiero en que se te pedirá que intentes ver algo que no habías visto antes, o que veas algo de una manera diferente. Percibir los talentos de los demás que no habías reconocido anteriormente conduce a que veas tus propios talentos. Conocer cuáles son tus fortalezas constituye un paso hacia el éxito. Conocer la manera de detectar las fortalezas de otras personas también constituye una gran habilidad, toda vez que la creación de un equipo sólido y confiable es un aspecto fundamental si planificas crear un negocio o convertirte algún día en inversionista.

El mito del coeficiente intelectual y la inteligencia

Recuerdo que de vez en cuando en la escuela teníamos días en que nos presentaban todo tipo de pruebas. Esas pruebas eran descritas como "estandarizadas". Yo siempre estuve intrigado por esa idea. Cada persona es única, así que, ¿por qué se les evaluaba a todos de manera tan tajante? La verdad es que no hay dos personas que sean idénticas.

Más tarde descubrí que las pruebas medían nuestro IQ, siglas en inglés que significan "coeficiente intelectual". Se supone que un número de coeficiente intelectual representa la habilidad de una persona para aprender hechos, aptitudes e ideas. Pero el coeficiente intelectual de una persona en realidad se reduce a lo siguiente: es un número que muestra la relación entre la "edad mental" de una persona (medida de acuerdo con la prueba estandarizada) y su edad cronológica (real). A continuación ese número es multiplicado por 100, y el resultado es tu coeficiente intelectual. Cuando yo crecía, la gente pensaba que el coeficiente intelectual se conservaba igual a lo largo de toda la vida de una persona. ¡Cuán limitante! Afortunadamente, esa forma de pensar está cambiando.

A lo largo de los años he leído e investigado mucho acerca de la inteligencia, especialmente acerca de la manera en que la gente aprende. El coeficiente intelectual puede relacionarse con aspectos académicos, pero también puede relacionarse con otras cosas, como los deportes. Cuando yo era joven, yo tenía un coeficiente intelectual alto en lo relativo al béisbol. Mi amigo Andy tenía un coeficiente intelectual académico muy alto. A Andy le resultaba fácil desempeñarse en la escuela porque aprendía al leer. Yo aprendía al hacer algo primero y al leer acerca de ello después. Una fórmula funcionaba para Andy y la otra funcionaba para mí. Cada uno de nosotros desarrolló su propia fórmula ganadora.

Todos tenemos un estilo especial de aprendizaje

En esas pruebas de coeficiente intelectual en la escuela, sólo se medía un tipo de inteligencia: la aptitud o talento de una persona para las palabras. ¿Pero qué ocurría si alguien no era una persona de palabras? A mí no me gusta mucho leer. ¿Significa eso que estoy atrapado con un coeficiente intelectual bajo? Actualmente la respuesta es no. En 1983 un psicólogo llamado Howard Gardner publicó el libro *Frames of Mind*. En él describió siete tipos diferentes de inteligencia, no sólo uno. También sostiene la idea de que el coeficiente intelectual de la gente puede cambiar.

La lista de inteligencias del doctor Gardner, a las que también llama estilos de aprendizaje, ha creado un nuevo mapa para el aprendizaje de nuevas aptitudes e información, ya sea ciencia avanzada, costura básica o educación financiera.

¿Cuál es tu estilo de aprendizaje?

Observa esta lista. Conforme la leas, piensa en qué métodos describen mejor tu estilo de aprendizaje. Encierra en un círculo el número que corresponde a cada uno de los estilos de aprendizaje; 1 corresponde menos al tuyo, y 5 corresponde más.

Ésta no es una prueba. Repito: *¡Ésta no es una prueba!* No existe una respuesta buena o mala, o un resultado alto o bajo. Es sólo una manera de pensar acerca de cómo aprender más cómodamente.

- *Inteligencia verbal-lingüística.* Si tienes siempre un libro en tu mochila, encierra en un círculo el número 5. Este tipo de inteligencia se relaciona con la lectura, la escritura y el lenguaje. También se le llama "ser bueno con las palabras".

1	2	3	4	5

- *Inteligencia numérica.* Si eres una de esas personas que puede resolver un problema de matemáticas en la cabeza, encierra en un círculo el número 5. Esta inteligencia se encuentra en las personas que pueden trabajar fácilmente con números y datos. También son personas generalmente calmadas, que piensan racionalmente.

1	2	3	4	5

- *Inteligencia espacial*. Si dibujar garabatos te ayuda a escuchar en clase, o siempre ves cosas que te gustaría fotografiar, encierra en un círculo el número 5. Esta inteligencia es utilizada para discernir patrones, diseños y espacio, y se encuentra en muchos artistas, arquitectos y coreógrafos que pueden visualizar un objeto o acontecimiento en dos o tres dimensiones y convertirlo en realidad.

| 1 | 2 | 3 | 4 | 5 |

- *Inteligencia musical*. ¿Estás golpeteando con el lápiz o tamborileando con los dedos en este momento? Dirígete al número 5. Este tipo de inteligencia está sincronizada con los sonidos, el ritmo y las rimas.

| 1 | 2 | 3 | 4 | 5 |

- *Inteligencia física*. Si te gusta la educación física en la escuela, o si tu cuarto parece una tienda de artículos deportivos, eres físicamente inteligente, alguien que tiene conciencia de cómo utilizar bien tu cuerpo, como muchos atletas y bailarines.

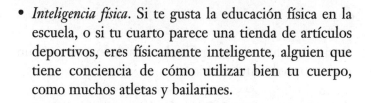

| 1 | 2 | 3 | 4 | 5 |

- *Inteligencia interpersonal*. ¿Haces amistades sin esfuerzo (encierra en un círculo el número 5) o es infinitamente complicado (encierra en un círculo el número 1)? ¿Siempre (o nunca) sabes lo que tus amigos piensan, o estás en algún punto entre ambos extremos?

Encierra el número correspondiente. Esta inteligencia se refiere a la manera en que alguien se lleva con las demás personas, a lo que también se le llama "ser persona de muchos amigos".

1	2	3	4	5

- *Inteligencia intrapersonal.* Si la inteligencia interpersonal es "ser persona de muchos amigos", la inteligencia intrapersonal se refiere a uno mismo, a la conciencia de ti mismo. También se le llama inteligencia emocional, porque se relaciona con la manera en que manejas tus emociones, como el miedo y la ira. ¿Comprendes tus propias reacciones en situaciones difíciles y puedes controlarlas? ¿Piensas antes de responder? ¿Eres paciente con tus propias limitaciones y cuidas tu autoestima?

1	2	3	4	5

Recientemente, el doctor Gardner ha dado a conocer un octavo tipo de inteligencia:

- *Inteligencia natural.* Describe la sensibilidad de una persona respecto al mundo que le rodea. Si disfrutas las actividades al aire libre cada fin de semana o participas en grupos escolares o comunitarios que trabajan por el ambiente, encierra en un círculo el número 5.

1	2	3	4	5

He hablado mucho con una psicóloga que enseñó aprendizaje innovador en la Universidad Estatal de Arizona acerca de diversos estilos de aprendizaje y la manera en que nos ayudan a lograr el éxito personal y financiero. Al escuchar sus ideas he agregado una inteligencia más:

• *Visión*. Es lo que determina quién será un líder y quién será un seguidor. Los grandes líderes pueden ver la manera en que se desarrollará una situación y realizan una acción como respuesta. Winston Churchill, el primer ministro de Inglaterra durante la segunda Guerra Mundial, fue uno de los líderes mundiales que estuvo en contra de los nazis desde el principio. Es como si hubiera podido ver las terribles cosas que ocurrirían si permanecían en el poder. Aquellos de ustedes que tengan una bola de cristal, encierren en un círculo el número 5.

1	2	3	4	5

¿Adviertes un patrón en tus números? ¿En qué tipo de inteligencia te diste la calificación más alta?

Si te diste una calificación de 4 ó 5 en inteligencia verbal-lingüística, es probable que te sientas cómodo al utilizar la lectura y la escritura como herramientas de aprendizaje. Si te calificaste con 4 ó 5 en las inteligencias física, musical o natural, es posible que puedas tener un gran éxito en "aprender al hacer"; al usar capacitación en el trabajo, como los internados, o al participar en los clubes escolares o comunitarios. Si te diste una calificación de 4 ó 5 en las inteligencias espacial o numérica, puede ser benéfico que aprendas al dibujar, al trazar gráficas y diagramas, al construir modelos o al trabajar con las manos. Si te calificaste con un 4 ó 5 en las inteligencias interpersonal, intrapersonal o de visión, puedes aprender mejor al hablar con amigos o adultos acerca de sus experiencias, al debatir o al actuar. Tu inteligencia intrapersonal te resultará útil en cualquier tipo de capacitación, dado que te ayudará a mantener tu paciencia y autoestima al encarar los desafíos.

También es posible que te hayas dado calificaciones altas en varias áreas. Eso significa que te sientes cómodo al "mezclar y combinar" diferentes actividades que funcionan con tus estilos de aprendizaje.

¿Pero qué ocurre si no te calificaste alto en ningún área? ¿Estás perdido? De ninguna manera. Este ejercicio fue diseñado para ayudarte a comenzar a pensar sobre cómo pensar. Las personas que piensan acerca del futuro, quienes tienen una "visión", por ejemplo, tienen más posibilidades de convertirse en buenos líderes de negocios. Pero eso no significa necesariamente que lo sean ahora. Si no consideras tener una visión actualmente, no tengas pánico. Puedes mejorar en cualquier área si estás decidido a ejercitar tu cerebro, tal y como mi padre rico me ordenó que hiciera cuando era niño.

Si eres más fuerte en un área que en las demás, existe mucho que puedes hacer para equilibrarte. He aquí algunas sugerencias. ¿Qué otras ideas se te ocurren?

- Habla acerca de dinero en casa y con tus amigos para desarrollar tus inteligencias interpersonal y verbal-lingüística.

- ¡Lee acerca de dinero! Muchas revistas sobre dinero y finanzas muestran la manera en que el dinero funciona en la vida real, en vez de en los problemas matemáticos de los libros de texto. Mientras más aprendas ahora acerca de la manera en que los expertos manejan e invierten su dinero, más te inspirará para manejar el tuyo. (Inteligencias numérica y verbal-lingüística.)

- ¡Escribe acerca de dinero! Utiliza el diario del padre rico para analizar ideas sobre el papel que el dinero desempeña en tu vida actual y en el futuro. (Inteligencias intrapersonal, verbal-lingüística y de visión.)

- Si recibes una mesada, considérala seriamente. Piensa en ella como parte de tu ingreso. Elabora una factura para tus padres. Averigua las maneras de ganar dinero e invertirlo. Maneja tu propio dinero en vez de tratar la mesada como una dádiva. (Inteligencias numérica e interpersonal.)

- Practica tu propia auditoría. Una vez a la semana haz la contabilidad de dónde ha ido a parar tu dinero. (Inteligencia numérica.)

- Decide asumir la responsabilidad por tu futuro. Crea una actitud positiva acerca del dinero. Piensa en tu futuro personal. (Inteligencia intrapersonal y de visión.)

Encontrar tu fórmula ganadora

Desafortunadamente, el estilo de aprendizaje que se enseña en la escuela puede no ser siempre el estilo con el que te sientas más cómodo. Las maneras en que aprendemos —que pueden ser una combinación de estilos de aprendizaje— se suman a nuestra fórmula ganadora.

Permíteme volver al ejemplo de mi amigo Andy y yo. Como dije antes, me gustaba mucho jugar béisbol. Yo tenía una gran inteligencia física. También me gustaba aprender acerca de las estadísticas de los jugadores. Yo tenía una buena inteligencia numérica. Después de que aprendí todo lo que pude acerca del juego al practicarlo, y de que aprendí de los otros niños todo lo que pude sobre los jugadores (inteligencia interpersonal), busqué libros para obtener más información. Este estilo de poner primero en práctica las cosas y luego leer sobre ellas se ha convertido en mi fórmula ganadora, la cual utilizo hasta hoy.

La fórmula ganadora de mi amigo Andy comenzó con los libros. Su fortaleza era verbal-lingüística. Le gustaba leer y estudiar acerca de las cosas antes de ponerlas en práctica. Él hubiera podido ser un buen gerente de equipo de béisbol, mientras yo hubiera podido ser un buen jugador. Éramos muy diferentes y cada uno de nosotros descubrió lo que nos funcionaba mejor.

Desarrollar tu coeficiente intelectual financiero

¿Comienzas a percibir que los miedos u obstáculos que tienes acerca del dinero pueden estar relacionados con la manera en que aprendes? Si la inteligencia verbal-lingüística no es lo tuyo, entonces, como yo, aprenderás al hacer y al ver. Más adelante en este libro hablaré más sobre aprendizaje al hacer, y verás algunos conceptos explicados mediante ilustraciones y diagramas. Leer este libro te ayudará también a desarrollar tu inteligencia intrapersonal al explorar tus metas y miedos, y al construir tu autoestima.

Preguntas y respuestas de mi padre rico

¿Qué tienen que ver los estilos de aprendizaje y las fórmulas ganadoras con volverse rico?

Apostaría que muchas personas que fueron elegidas como "los que más probablemente tendrán éxito" en el anuario escolar eran los alumnos con las mejores calificaciones. Aunque algunas de esas personas eventualmente serán exitosas, algunas de ellas no tendrán éxito. Y puede ser porque nunca aprendieron a desarrollar su inteligencia financiera. Muchos de ellos serán superados en riqueza por las personas como tú, que están decididas a encontrar la libertad financiera. Descubrir tu estilo de aprendizaje y tu genio personal es el primer paso para obtener la confianza que te permitirá ver oportunidades y aprovecharlas, y asumir riesgos.

El camino para obtener un coeficiente intelectual financiero alto consiste en trabajar en tus aptitudes relacionadas con el dinero, utilizando los tipos de inteligencia que funcionan para ti, y trabajar para desarrollar las demás, de manera que todo tu cerebro trabaje a todo vapor. Intenta utilizar diferentes estilos de aprendizaje. Es posible que no sea sino hasta el segundo o tercer intento que sientas que estás trabajando con la combinación correcta.

Saca tu diario del padre rico y elabora una lista de todas las actividades que realizas después de la escuela y las materias en que tienes buen desempeño. Existen muchas posibilidades de que puedas ver una conexión entre lo que haces bien y lo que disfrutas hacer. Es posible que también descubras que hay uno o dos tipos de inteligencia de la lista previa que se relacionan con tus actividades. Ésas son tus fortalezas. El siguiente paso será encontrar una manera de aprovechar tus fortalezas para lograr el éxito financiero al encontrar una oportunidad financiera.

Pon tu cerebro en movimiento

Pronuncia la siguiente oración: "No puedo pagar las cosas que quiero".

Ahora di: "¿Cómo puedo pagar las cosas que quiero?"

La primera oración te impide pensar. La otra revoluciona tu cerebro y te hace pensar. Si me dices la primera oración, yo pensaré que ya lo has decidido y que nunca conseguirás lo que quieres. Pero si en vez de ello te preguntas: "¿Cómo puedo pagar las cosas que quiero?", pensaré que quieres encontrar las soluciones con seriedad. Te veré como alguien positivo y fuerte.

Cuando mi padre rico era mi mentor, él decía: "Mi cerebro se vuelve más fuerte cada día porque lo utilizo. Mientras más fuerte se vuelve, más dinero gano". Este libro pone tu cerebro en movimiento.

Cree en ello

Mañana escucha lo que tú mismo le dices a la gente a lo largo del día. ¿Cómo suenas ante los demás? ¿Decidido? ¿Titubeante? ¿Crees en lo que dices? ¿O suenas como si no creyeras en lo que dices?

La mejor manera de obtener lo que quieres es creer que puedes lograrlo. Los pensamientos son poderosos. Tú puedes hacer que las cosas ocurran si fijas tu mente para lograrlo.

He aquí algo que puedes hacer para dar seguimiento a tu confianza en ti mismo: escribe en una hoja de papel o en una tarjeta una afirmación que describa cómo te sientes acerca del dinero. Puede ser algo como: "Yo nunca seré rico". Utiliza esa hoja de papel o esa tarjeta como separador de tu libro y revisa tus sentimientos acerca de esa afirmación conforme leas este libro. A la mitad del libro puedes escribir "Yo seré rico". Al finalizar el libro puedes tachar las dos afirmaciones y escribir: "Soy rico".

Bien, es posible que todavía no seas rico. Lo que trato de decir es que modificar un pensamiento puede crear la disposición mental para hacer que algo ocurra. Esa intención, aunada con la educación financiera que obtendrás en este libro, es una combinación poderosa.

A continuación: los secretos de mi padre rico acerca del dinero.

Los secretos del dinero de mi padre rico

Capítulo 2

El secreto del dinero de mi padre rico: Las nuevas reglas para ganar dinero

Las antiguas reglas ya no son válidas

Una de las cosas más importantes que aprendí de niño fue que cuando tú participas en un juego debes conocer las reglas, porque éstas definen el éxito en el juego. Pero en ocasiones, en el mundo real, las reglas cambian, y eso puede poner tu mundo de cabeza si no estás preparado.

He aquí una "regla" que probablemente has escuchado antes: Si estudias mucho y tienes un buen desempeño en la escuela, puedes ir a una buena universidad, aprender una profesión, graduarte, obtener un buen empleo, ganar mucho dinero y tener éxito en la vida.

¿Qué pasa si te digo que tener una profesión no es la única manera de ganar dinero, especialmente si quieres ganar mucho dinero? Tener un empleo ciertamente te permitirá ganarte la vida, pero trabajar bajo sueldo no es el camino más efectivo. Este camino probablemente te conducirá directamente a la "carrera de la rata", en donde trabajas para ganar dinero, trabajas más duro para ganar más dinero y eventualmente te consumes totalmente.

Para explicar lo anterior de mejor manera, voy a contarte algunas cosas de la época en que yo crecí.

Los ricos piensan diferente

Mi padre fue superintendente de educación del estado de Hawai. Aunque mi padre era muy respetado, no tenía mucho dinero; al menos no tanto como los padres de otros niños que conducían coches lujosos y eran dueños de casas en la playa.

Debido al lugar en que vivía mi familia, yo acudí a la misma escuela pública que los niños ricos. Si hubiera vivido del otro lado de la calle hubiera sido asignado a un distrito escolar diferente y hubiera ido a la escuela con niños que pertenecían a familias más similares a la mía.

Al acudir a la escuela con niños que eran ricos pude ver que ellos tenían una perspectiva diferente acerca del dinero. Mi padre siempre estaba preocupado por cubrir sus gastos y se preocupaba por el futuro. Los padres de mis amigos parecían tener confianza en el futuro. Me di cuenta de que ellos realmente pensaban de manera diferente acerca del dinero.

También supe que los niños ricos aprendían cosas en casa que yo no estaba aprendiendo en la mía. Ellos aprendían a tener una actitud segura acerca del dinero. Algunos de ellos incluso hablaban acerca de dinero en la mesa. En mi familia se hablaba de dinero en voz baja, si es que se hablaba del tema. El dinero era un tema tabú.

Desde mi más temprana infancia decidí que yo quería ser rico, que me gustaba la idea de tener dinero y todas esas cosas lindas que el dinero puede comprar. Me gustaba la idea de disfrutar de la vida en vez de trabajar todo el tiempo. También me gustaba la idea de que los padres ricos no tuvieran que preocuparse por pagar las cuentas y mantener a sus hijos de la manera en que lo hacía mi padre.

¿Una fórmula mágica para volverte rico?

Cuando tenía nueve años de edad le pregunté a mi padre cómo volverme rico. Él me dijo: "Si quieres ser rico, tienes que aprender a hacer dinero". Estoy seguro de que él no tenía idea de que yo seguiría su consejo literalmente. Los resultados fueron cómicos, pero me condujeron a mi primer gran descubrimiento acerca del dinero.

En la escuela, mi mejor amigo Mike y yo pasábamos mucho tiempo juntos, y también nos reuníamos después de la escuela. Éramos socios en todo. ¡En cierta forma incluso compartíamos a nuestros padres!

El padre de Mike trabajaba en una plantación de azúcar en el pueblo. Él no tenía mucha educación (de hecho, nunca pasó del octavo grado), pero siempre estaba en busca de oportunidades de negocio.

Mi padre y el padre de Mike eran muy diferentes. Yo resumiría sus diferencias de la siguiente manera. Mi padre decía: "El amor al dinero es la raíz de todos los males", y el padre de Mike decía: "La carencia de dinero es la raíz de todos los males".

Un esquema para ganar dinero

Como yo, Mike quería obtener algo de dinero, exactamente como sugirió mi padre. Así que nos convertimos en socios de negocios. He aquí lo que hicimos...

Después de reunir los tubos de dentífrico de todos los vecinos, derretimos los tubos, que en aquella época eran fabricados con plomo. Luego, de manera muy cuidadosa, vertimos el plomo derretido (¡realmente caliente!) a través de un pequeño agujero perforado en recipientes de leche que obtuvimos en la escuela. Previamente habíamos creado moldes de yeso en esos recipientes de leche.

¿Qué estábamos haciendo? Forjábamos monedas de cinco centavos hechas de plomo. ¡Literalmente estábamos haciendo dinero! No teníamos idea de que todo el circulante de Estados Unidos era acuñado por el gobierno federal, y que lo que hacíamos era ilegal.

Mientras trabajábamos, mi padre volvió a casa con un amigo. Cuando le expliqué inocentemente que estábamos haciendo dinero, como mi padre había sugerido, se rieron a carcajadas. Después de que dejaron de reírse, y una vez que nosotros descubrimos lo que significaba "falsificación de dinero", mi padre quedó muy impresionado. "Ustedes han demostrado gran creatividad y pensamiento original", nos dijo. "Sigan trabajando. ¡Estoy realmente orgulloso de ustedes!"

Piensa como rico, sé rico

Bien, pero el consejo de mi padre no nos ayudaba en nuestro intento de volvernos ricos. Decidí acudir a él y preguntarle: "Entonces, ¿por qué tú no eres rico, papá?"

"Porque decidí ser un maestro de escuela", me dijo. "Los maestros de escuela no piensan realmente en vol-

verse ricos. A nosotros simplemente nos gusta enseñar".
Luego agregó: "Si ustedes quieren aprender cómo ser
ricos, no me pregunten a mí. Hablen con el padre de
Mike".

"¿Mi papá?" preguntó Mike, sorprendido. El padre
de Mike no era rico en aquella época. "Pero nosotros no
tenemos un automóvil bonito ni una casa como la de los
niños ricos de la escuela", le dijo Mike a mi padre.

"Es verdad", dijo mi padre. "Ustedes no tienen esas
cosas ahora. Pero tu padre y yo acudimos con el mismo
banquero, y él dice que tu padre es brillante en lo que se
refiere a ganar dinero. Tu padre está creando un imperio,
y yo sospecho que en unos cuantos años será un hombre
muy rico."

¡Excelente! Mike y yo no teníamos idea acerca del
toque mágico de su padre con el dinero. Nos emociona-
mos mucho. Después de limpiar el tiradero que hicimos
con nuestro intento de falsificación, nos dirigimos a la
casa de Mike. Cuando su padre escuchó la historia, su
reacción fue: "Ustedes están en camino de pensar como
piensan los ricos". Eso es lo que queríamos escuchar.
Ahora estábamos en el camino correcto. Desde luego,
no teníamos idea de qué era aquello que estábamos pensando que nos hacía "pensar como ricos".

Lo que piensas es lo que obtienes

Las diferentes perspectivas de mis dos padres acerca del dinero me enseñaron que "¡Lo que piensas es lo que obtienes!"

Lo que dijo mi padre pobre:	Lo que dijo mi padre rico:
"Estudia mucho para que puedas encontrar una buena compañía para la cual trabajar"	"Estudia mucho para que puedas encontrar una buena compañía que puedas comprar"
"La razón por la que no soy rico es porque tuve hijos"	"La razón por la que debo ser rico es porque tengo hijos"
"En lo que se refiere al dinero, no corro riesgos"	"Aprende a administrar los riesgos"
"Trabaja por los beneficios laborales"	"Sé totalmente independiente desde el punto de vista financiero"
"Ahorra"	"Invierte"
"Escribe un buen currículum para encontrar un buen empleo"	"Escribe un buen plan financiero y de negocios para crear una buena compañía"

Los que tienen y los que no

La gente habla en ocasiones de "los que tienen" y "los que no", y del hecho de que "los que tienen" —los ricos— piensan de manera diferente. Los ricos frecuentemente son dueños de compañías para las que los otros trabajan. Los ricos son dueños de acciones de las compañías, mientras que los otros reciben un sueldo. Este hecho ocasiona que tengan una disposición mental diferente, para decir lo menos.

Si trabajas en un empleo con un salario específico, existen muchas posibilidades de que no tengas una perspectiva que se extienda más allá de tu próximo sueldo. En ocasiones veo a personas, en los restaurantes o en los trenes, que hacen multiplicaciones sencillas en servilletas o en hojas de papel. Ellos multiplican una cantidad de dinero por el número "52".

Están calculando su ingreso anual, es decir, lo que ganan cada año. Sin importar cuántas veces hagan el cálculo, el número será siempre el mismo. Pero supongamos que estás pensando como una persona rica. Tu trabajo consiste en descubrir formas para ganar dinero extra sin trabajar muchas horas, nuevas maneras de comenzar tu propio negocio. Tu trabajo es descubrir nuevas posibilidades. Suena emocionante, ¿verdad?

Lo que aprendí de mi primera aventura para ganar dinero fue que era posible "pensar como rico" y hacer la elección entre ser alguien "que tiene" y alguien "que no". Mi padre parecía estar cómodo con su decisión de ser alguien "que no tiene", pero yo sabía que yo no lo estaba. Yo comenzaba a considerar que ser rico era algo que se relacionaba con crear oportunidades, no sólo aceptar que vivías en uno u otro lado de la calle.

Yo no podía esperar a mi siguiente aventura para ganar dinero, o al menos mi primera oportunidad legal de ganar dinero. Y la oportunidad se presentó sola poco después.

Prueba: ¿Eres un jugador del equipo?

Mike fue mi primer socio de negocios, y juntos elaboramos nuestros planes de negocios. Tú también puedes asociarte con alguien en los negocios. ¿Pero eres un jugador de equipo? Encierra en un círculo la palabra "Sí" o "No" después de cada una de las frases que siguen, con base en tus verdaderos sentimientos acerca de ellas, no en la forma en que tú piensas que "deben" ser respondidas.

1. Dos cabezas piensan mejor que una.

    Sí   No

2. Trabajar con alguien puede ser divertido.

    Sí   No

3. Trabajar por cuenta propia puede ser muy solitario.

    Sí   No

4. Necesito mi propia sección de ánimo cuando el trabajo es lento.

    Sí   No

5. Yo podría ganar más dinero si trabajo como parte de un equipo.

    Sí   No

6. Me gusta hacer las cosas a mi manera. Es mejor no asumir compromisos.

    Sí   No

7. No quiero compartir las utilidades.

    Sí   No

8. Me gusta ser mi propio jefe.

    Sí   No

9. Puedo trabajar más rápido y de manera más eficiente por mi cuenta.

    Sí   No

Asígnate un punto por cada "no" y dos puntos por cada "sí" en las preguntas 1 a 5. Asígnate un punto por cada "sí" y dos puntos por cada "no" en las respuestas 6 a 9.

Si obtuviste una calificación de entre 15 y 18 puntos, entonces podrías ser considerado como un jugador de equipo. Si tu calificación fue de entre 12 y 14 puntos, te encuentras en el camino correcto. Si tu calificación fue inferior a 12, debes considerar maneras de fortalecer tus aptitudes interpersonales. ¿Por qué? Porque una de las mejores maneras de convertirte en una persona libre desde el punto de vista financiero consiste en convertirte en un propietario de negocios exitoso, y la mayoría de ellos se rodean de sólidos miembros de un equipo.

Trabajar con alguien puede tener recompensas tanto emocionales como financieras. Te permite intercambiar ideas con otra persona. Es posible que no estés seguro de dónde comenzar o qué dirección tomar por cuenta propia. Con alguien más es fácil que una idea conduzca a la otra, ¡y listo! El dinero se crea.

Preguntas y respuestas de mi padre rico

¿Por qué no se titula este libro Madre rica, madre pobre?

Podría titularse así. Simplemente ocurre que crecí bajo la influencia de mi padre y del padre de mi mejor amigo. Mi padre rico fue mi mentor y una figura paterna. Tus mentores pueden ser tu mamá, la mamá de un amigo o una maestra. El conocimiento sobre el dinero de ninguna manera constituye un dominio exclusivo de los hombres. Algunas de las personas más poderosas en los negocios hoy en día son mujeres.

Si deseas averiguar más, busca un ejemplar de la revista *Fortune*. Desde 1998, esta revista especializada en dinero ha publicado anualmente una lista de "Las 50 mujeres más poderosas en los negocios". Observa la lista actual y encontrarás mujeres que provienen de todos los campos, desde compañías cinematográficas, bancos, hasta e-Bay. Las mujeres que son incluidas en la lista no llegan a ese punto solamente por el dinero que ganan, sino también por su influencia en los medios de comunicación y la cultura de las masas. Oprah Winfrey es el ejemplo perfecto de alguien que se ajusta a todas esas categorías. En el escenario internacional, ¡J. K. Rowling

(autora de los libros de *Harry Potter*) tiene actualmente más dinero que la reina de Inglaterra!

Capítulo 3

El secreto del dinero de mi padre rico:
Trabaja para aprender, no para ganar dinero

Una clase diferente de aprendizaje

Seamos sinceros: Es posible que mires el título de este capítulo y pienses que "trabajar" y "aprender" no tengan un buen lugar en tu lista de cosas por hacer. O quizá piensas: "Tengo que trabajar para ganar dinero. Mi familia no tiene mucho dinero". Ya sea que tu familia necesite o no el ingreso, tener un empleo también es una manera de aprender a identificar oportunidades para comenzar tu propio negocio. Como quizá ya has adivinado, este libro es acerca de un tipo diferente de trabajo, y de un tipo diferente de aprendizaje.

Mi primer empleo

Después de que Mike y yo "hicimos" nuestro primer montón de dinero, mi padre nos dijo: "Ustedes sólo son pobres si se rinden. Lo más importante es que hicieron algo. La mayoría de la gente sólo habla y sueña con volverse ricos. Ustedes han hecho algo. Estoy muy orgulloso de ambos. Lo diré nuevamente: sigan tratando, no se rindan".

No nos rendimos. Hablamos con el padre de Mike, tal y como había sugerido mi propio padre. El papá de Mike trabajaba para una plantación de azúcar, pero también era dueño de almacenes, una compañía constructora, una cadena de tiendas y tres restaurantes. Nos ofreció trabajo en una de las tiendas por 10 centavos la hora.

"Ustedes trabajen para mí", dijo, "y yo les enseñaré, pero no lo haré en un estilo similar a un salón de clases. Puedo enseñarles más rápido si ustedes trabajan, y yo estaría perdiendo mi tiempo si ustedes sólo desean sentarse y escuchar, como lo hacen en la escuela. Ésa es mi oferta. Acepten o rechacen."

El padre de Mike hablaba de un tipo totalmente nuevo de aprendizaje. Aceptamos el empleo. A pesar de que yo tenía preguntas, a pesar de que yo tenía juegos de béisbol que deseaba jugar, sentí (utilizando mis cualidades de "inteligencia intrapersonal" y de "visión" que en aquella época yo no sabía que tenía), que era lo correcto.

De esa forma, comenzó mi educación financiera "en el empleo", "con manos a la obra". Mike y yo estábamos a las órdenes de la señora Martin, quien dirigía una de las tiendas del padre de Mike. Ella nos puso a trabajar sacudiendo los estantes y colocando artículos enlatados. A decir verdad, es una de las cosas más aburridas que he hecho. ¿Era eso trabajar? No estoy seguro de que yo tuviera una idea precisa de qué se trataba el trabajo, pero estoy seguro de que no pensaba que era eso: retirando las latas, desempolvándolas, y volviendo a colocarlas. Además, hacía mucho calor en la tienda. Cada fin de semana pensé con enfado en todas las cosas que yo esperaba que aprenderíamos, y que mi padre rico había prometido. ¿Cuándo iba a comenzar eso?

Mike y yo odiamos cada minuto de nuestro trabajo. Después de tres semanas de trabajar durante los fines de semana yo estaba completamente harto y listo para renunciar. Me sentía enfadado, engañado y explotado. ¡Estábamos haciendo todo ese trabajo por tan sólo 10 centavos por hora! Incluso en 1956 eso no era mucho dinero. Decidí que tenía que hacer algo acerca de ello. Iba a hablar con el padre de Mike.

Enfrentar a mi jefe

Al siguiente sábado fui a casa de Mike a las ocho de la mañana. "Toma asiento y espera en la fila", me dijo el padre de Mike, y desapareció en su pequeña oficina, próxima a una recámara. Así que esperé en la sala con otras personas que trabajaban para el padre de Mike y que también querían reunirse con él... y esperé... y esperé.

Finalmente fui la única persona que quedaba, y aún así mi padre rico no salía de su oficina para permitirme pasar y hablar con él. Yo podía escucharlo mientras hablaba por teléfono y revisaba papeles. Eso me enfureció. Podía imaginar el vapor saliendo de mis oídos, como en las caricaturas. ¡Mi padre rico estaba desperdiciando toda mi mañana del sábado! Yo estaba sentado en esa sala oscura y húmeda, en un día hawaiano bello y soleado.

Cuando mi padre rico finalmente me hizo la señal de que podía pasar, yo estaba más enfadado de lo que me había sentido en toda mi vida. Le dije todo lo que pensaba. "Me prometiste enseñarme y no estás cumpliendo con tu parte del trato", lo acusé. Yo me enfrentaba con un adulto y me sentía bien, pero estaba asustado al mismo tiempo.

En vez de estar enojado conmigo, mi padre rico parecía complacido de que me le hubiera enfrentado. "¿Así que enseñar para ti significa hablar o recibir una lección?", me preguntó.

"Sí", respondí.

"Ésa es la manera en que te enseñan en la escuela", dijo con una sonrisa en los labios. "Pero ésa no es la manera en que la vida te enseña, y yo diría que la vida es la mejor maestra de todas. La mayor parte del tiempo la vida no te habla. Simplemente te empuja. Y cada vez que lo hace, la vida te dice: 'Despierta y aprende'".

Eso me hizo pensar acerca de lo que aprendía. Desde que comencé a trabajar, yo solamente pensaba en dinero, dinero, dinero. Pensaba en lo poco que estaba ganando y lo poco que ganaría por cada día de trabajo duro. Yo no quería que el dinero tuviera un control como ése sobre mí. En vez de ello, yo quería ser "el jefe del dinero".

Mi padre rico me dijo que cuando la vida me empuja, yo necesito empujarla también. Al acudir a mi padre rico para decirle de mis problemas con el empleo, yo había aprendido a empujar. Pero en vez de estar enojado con mi padre rico, necesitaba ponerme en acción.

Preguntas y respuestas de mi padre rico

¿Es siempre lo correcto "empujar" contra la vida?

No siempre. A pesar de que mi padre rico me enseñó a "empujar", también me enseñó que no debía permitir que mis emociones —especialmente el miedo— tomaran las decisiones en mi nombre. He aquí algunos ejemplos de casos en que podrías decir que las emociones están eligiendo por ti.

Lo que tú dices: Mi calificación es baja porque le caigo mal a mi maestro. Daría lo mismo si no me molestara por estudiar para el próximo examen.

Lo que estás pensando: La gente está en mi contra

Lo que temes: Estoy predestinado al fracaso.

Lo que tú dices: Mi amigo siempre me habla durante la clase, así que no puedo hacer mi mejor esfuerzo.

Lo que estás pensando: Es su culpa, no la mía.

Lo que temes: No tengo control sobre esta situación.

Lo que dices: No tengo un fideicomiso como mi amiga rica. No veo una razón para tratar de volverme rico si no tengo nada con qué comenzar, como ella.

Lo que estás pensando: Tengo resentimiento contra mi amiga porque ella tiene seguridad financiera y yo no.

Lo que temes: Las posibilidades están en mi contra.

Cuando una situación te hace enfadar, da un paso hacia atrás y trata de evaluar la situación con la cabeza fría, utiliza tus inteligencias interpersonal e intrapersonal.

Estas aptitudes también te ayudarán en el mundo de los negocios cuando trabajes con personas difíciles.

¿Qué te enseña tu primer empleo?

Incluso si eres muy joven, es posible que hayas comenzado a trabajar, sin importar si ya recibes un pago o no. ¿Realizas faenas en la casa? ¿Hay algunas tareas de las que te encargas regularmente, como remover la nieve de la acera, recoger las hojas de los árboles o sacar la basura? Entonces tú ya tuviste tu primer empleo. Es posible que no te paguen por realizar esas tareas en la casa, pero debes aprender a concluir lo que has comenzado al cumplir con tu responsabilidad.

¿Conoces personas que dejan tras de sí proyectos sin terminar? Quizá tú eres una de esas personas que tiene la costumbre de comenzar un proyecto y te detienes cuando dejas de tener ganas de trabajar en él. Está bien comenzar algo y decidir que no es lo correcto para ti, pero tener éxito financiero significa aprender a dar seguimiento a tus planes. Además, terminar un trabajo —y hacerlo bien— produce una gran satisfacción.

Lo que significa trabajar

De manera que me puse a pensar acerca de trabajar y acerca del dinero.

Yo había asumido un compromiso. Estaba trabajando por una cantidad específica de tiempo. No podía simplemente detenerme cuando me dieran ganas de hacerlo, incluso si estaba cansado. Yo tenía una responsabilidad que cumplir.

Además, yo estaba haciendo algo para la señora Martin, y ella necesitaba que esa tarea fuera realizada, y me pagaba por ello. Al principio, aquel parecía un intercambio justo, pero yo no consideré que el dinero que ganaba justificara los juegos de béisbol a los que había renunciado para trabajar.

Mi padre rico me dijo: "El dinero es una ilusión". Me pidió que imaginara a un burro jalando una carreta, cuyo dueño pone una zanahoria colgando al frente, moviendo la carreta hacia adelante con cada paso que diera el burro. El burro nunca alcanzaría la zanahoria, pero seguiría intentando. El burro perseguiría una ilusión.

Esto es verdadero en lo que se refiere al trabajo, según me explicó mi padre rico. La zanahoria es como un juguete. Los juguetes que queremos se vuelven más y más grandes y más caros conforme crecemos. Cuando somos jóvenes nos sentimos satisfechos al arrastrar el mismo juguete de peluche, viejo y rasgado. Para el momento en que somos adolescentes queremos más y más. ¡Es natural! La industria de la publicidad no quiere que nos contentemos con lo que tenemos. Los anuncios en la televisión y la radio, en las películas y casi en todas partes donde miremos en la calle, en los centros comerciales y las autopistas nos muestran personas bellas y atractivas que tienen los más recientes teléfonos celulares, computadoras, discos compactos y ropa. Al ser bombardeados con esas imágenes, es prácticamente imposible resistir la necesidad de pensar que "más", "grande", "más caro", o "nuevo" es lo mismo que "mejor".

Los adultos también son presa de esas tentaciones. Los adultos también tienen juguetes. Sus juguetes son más grandes y caros; incluyen automóviles, yates, motocicletas, televisiones de pantalla gigante, muebles, arreglos del jardín y casas de descanso. Las exigencias son más altas cuando se adquieren esos juguetes.

¿Cuál es la solución? Las personas que ya son ricas parecen saberlo: trabaja para aprender y haz que tu dinero trabaje para ti. Mi padre rico quería que yo encontrara el poder para crear dinero en vez de trabajar para ganar dinero. Él me enseñó a no necesitar el dinero. "Si no necesitas dinero", me dijo mi padre rico, "ganarás mucho dinero". Eso parece una contradicción enorme, pero cuando pensé en ella mientras estaba sentado en su oficina ese día, comenzó a tener sentido.

Mi padre rico me enseñó algunas lecciones importantes sobre la manera de obtener poder sobre el dinero y poder sobre mí mismo. Aprendí a no culpar a la señora Martin, mi jefe, o a otras personas por mis propios deseos y mis propias decisiones. Aprendí a asumir la responsabilidad. Aprendí a no permitir que el dinero abusara de mí.

Crea tu propio "tanque de ideas"

Cuando realizas tareas repetitivas como parte de un empleo o faena, puede parecer como contar ovejas al ir a la cama: ¡Lo suficientemente aburrido como para dormirte! Pero la verdad es que si tienes la actitud correcta, realizar una tarea repetitiva puede ayudarte a meditar y cargarte de energía. De hecho, proporciona una oportunidad de tener tiempo en silencio que puede liberar tu mente para pensar de manera creativa… ¡Y el pensamiento creativo es la clave en los secretos para el éxito de mi padre rico!

Capítulo 4

El secreto del dinero de mi padre rico:
"Mi dinero trabaja para mí"

La vida está llena de sorpresas

Es posible que yo haya sido solamente un niño, pero sobreviví a una dura reunión de negocios con mi padre rico. Me le enfrenté y él pareció decir que eso era lo correcto. ¡Sorprendente! Mi padre rico me dio una palmada en la espalda y me sugirió que regresara a trabajar. Lo siguiente que me dijo me tomó por sorpresa. "Esta vez no te pagaré nada".

"¿Qué?" Yo estaba desolado. Si trabajar a cambio de un salario no me iba a volver rico, ¿cómo trabajar gratis podía hacer de mí otra cosa que un estúpido?

Pero fue entonces cuando realmente lo comprendí. Se suponía que yo debía trabajar para aprender, no para ganar dinero. En ese momento comencé a considerar que realmente podía confiar en mi padre rico. Yo tenía que creer que desempolvar y estibar latas podía enseñarme algo, porque no iba a ganar un sólo centavo a cambio de mi tiempo.

Así que Mike y yo continuamos trabajando, pero sin recibir salario. En algún momento mi padre rico nos ofreció cinco dólares por hora, pero para entonces ya lo habíamos comprendido. "No", le dijimos. Nos estaba poniendo a prueba. Balanceaba una zanahoria frente a nuestras narices. Trataba de tentarnos a que aceptáramos algo que nos proporcionaría una gratificación instantánea, pero nosotros habíamos aprendido en nuestro "programa de enriquecimiento de mi padre rico, después de la escuela", a esperar para obtener algo más grande.

Yo estaba en lo correcto. Mi padre rico dijo: "Sigan trabajando, muchachos, pero mientras más pronto se olviden de la necesidad de recibir un salario, más sencilla será su vida cuando sean adultos. Utilicen su cerebro, trabajen gratis, y pronto su mente les enseñará maneras de ganar más dinero del que yo jamás podría pagarles. Ustedes verán cosas que otras personas no pueden ver. Las oportunidades están frente a sus narices. La mayor parte de la gente nunca ve esas oportunidades porque están en busca del dinero y la seguridad, y eso es todo lo que obtienen. En el momento en que ustedes vean una oportunidad, comenzarán a ver oportunidades para el resto de su vida".

Ver lo que otras personas nunca ven, eso sonaba bien. Poco después de eso, Mike y yo tuvimos la oportunidad de ver algo que otras personas no habían visto. Fuimos capaces de crear nuestra primera verdadera oportunidad de negocios.

Un sesgo cómico

Un día, pocas semanas después, advertí que la señora Martin recortaba la portada de un libro de tiras cómicas a la mitad y arrojaba el resto en una gran caja de cartón.

Le pregunté qué hacía, y ella me dijo que obtenía crédito a cambio de libros de tiras cómicas que no hubieran sido vendidos. El distribuidor sólo necesitaba ver la parte de la portada que ella devolvía. El resto del libro de tiras cómicas no era útil para ella, ni para el distribuidor. Pero eso podía ser una mina de oro para Mike y para mí.

Hablamos con el distribuidor en la siguiente ocasión que acudió a la tienda. "Ustedes pueden conservar esos libros de tiras cómicas si trabajan para esta tienda y no los revenden", nos dijo. "Se encendió un foco" en mi cabeza. Mike y yo volvimos a los negocios pronto, pero esta vez con un plan verdadero para ganar dinero.

Una oportunidad de negocios segura

He aquí lo que pensamos: un libro de tiras cómicas costaba 10 centavos en aquella época. La mayoría de los niños podían leer cinco o seis tiras cómicas en una sentada. Eso equivalía a sesenta centavos si adquirían las tiras cómicas. Pero si acudían a un lugar donde simplemente pudieran leer las tiras cómicas sin tener que comprarlas, y si les cobrábamos una cuota de admisión, eso les resultaba conveniente, y también a nosotros.

Limpié una habitación en el sótano y abrimos nuestra biblioteca y sala de lecturas de tiras cómicas. Cobramos 10 centavos como cuota de entrada a cualquier niño que quisiera ir a leer las tiras cómicas durante dos horas cada día en que nuestra biblioteca estaba abierta.

Muchos niños utilizaron nuestra biblioteca. Obtuvimos en promedio 9.50 dólares por semana durante un periodo de tres meses. ¡Haz las cuentas! Estábamos en camino de volvernos ricos.

Conservamos nuestros empleos en la tienda de la señora Martin, y eso nos permitió obtener las tiras cómicas. Incluso recopilamos tiras cómicas que no se vendían en otras tiendas de la cadena. Mantuvimos nuestra promesa con el distribuidor y nuestros compromisos con la señora Martin y con mi padre rico.

La mejor parte de nuestro negocio de libros de tiras cómicas es que ganábamos dinero incluso cuando no estábamos allí. Contratamos a la hermana de Mike para ser nuestra bibliotecaria, y ella se encargó del negocio por nosotros. La operación era conveniente; todo lo que tenía que hacer en realidad era mantener todo limpio y cobrar el dinero de cada persona que entrara. El negocio prácticamente se dirigía solo. ¡Nuestro dinero trabajába por nosotros!

¿Hay una oportunidad de negocios frente a tu cara?

Mike y yo nos tropezamos con nuestro negocio de libros de tiras cómicas, lo que significa que estaba exactamente frente a nosotros. ¿Existe una oportunidad frente a ti que no has advertido aún?

Vuelve a revisar la lista de cosas que deseas que elaboraste al comenzar este libro, o elabora una nueva ahora. A continuación regresa a la lista del capítulo 1 sobre los distintos tipos de inteligencia y estilos de aprendizaje para recordar tus propias fortalezas. Ahora considera la manera de reunir esos elementos.

He aquí lo que tengo en mente: Digamos que una de las cosas que deseas es un gran disfraz para una enorme fiesta del Día de Brujas de un amigo. Tú advertiste en el primer capítulo que tienes inteligencia espacial; eres bueno cuando haces cosas con tus manos. ¿Por qué no reunir a tus amigos y enseñarles a elaborar disfraces? Puedes crear ideas sobre disfraces y anunciar tu negocio al imprimir volantes con ayuda de tu computadora para distribuir entre tus vecinos (así como todos los que acudirán a la fiesta), al ofrecerles los servicios de tu equipo a cambio de honorarios. Puedes pagar a tus amigos con el dinero que ganes, y ganar algo de dinero para ti mismo. En tanto los disfraces sean elaborados, todos ganan dinero; y tú ni siquiera tienes que hacer todo el trabajo.

Mantén los ojos y oídos en alerta. La siguiente ocasión que escuches las palabras "hubiera deseado…" piensa si existe alguna manera de crear un negocio que pueda satisfacer esa necesidad. No consideres de antemano que los adultos sean los únicos que pueden hacerlo. Muchas necesidades de la comunidad pueden ser satisfechas mediante los esfuerzos de los adolescentes. Tan sólo recuerda que cualquiera que sea el servicio que estás proporcionando, debes trabajar para crear un negocio más grande, donde puedas ganar dinero incluso cuando tú no trabajes.

Capítulo 5

El secreto del dinero de mi padre rico: Crea dinero

¿De dónde proviene el ingreso?

¿De dónde viene el dinero? Suena como una pregunta estúpida, pero estarías sorprendido al saber cuánta gente no conoce la respuesta exacta. A menudo cuando crecemos no tenemos la oportunidad de pensar en el dinero de manera concreta. Cuando nacemos, alguien se encarga de satisfacer todas nuestras necesidades. Como por arte de magia, la comida está en la mesa y tenemos ropa, calefacción, agua y electricidad. El teléfono funciona cuando levantamos el auricular. Cuando somos niños no siempre percibimos la relación entre el hecho de que nuestros padres se marchen a trabajar por la mañana y regresen a casa por la noche con la ropa, las provisiones y la comida que la familia necesita.

Conforme crecemos nos damos cuenta de que todas esas cosas no aparecen por arte de magia. Son pagadas con dinero. De alguna manera el dinero aparece en la imagen, pero no siempre vemos todas las maneras en que esto ocurre. No todo está en el sueldo.

Tipos de ingreso

En realidad existen tres formas de ganar dinero. Una de esas formas consiste en salir a trabajar en un empleo. Es la manera más directa y visible, así que es la primera en que piensa la gente. Pero existen otras dos maneras de ganar dinero que son en realidad más efectivas.

Los tres tipos de ingreso son:

- *Ingreso ganado.* El ingreso ganado es el dinero que obtienes al trabajar. Cuando tienes un empleo recibes un salario, generalmente un cheque con el sueldo cada semana o cada dos semanas. Cuando mi padre rico me dijo que yo debía "obtener un buen empleo", él se refería al ingreso ganado.
- *Ingreso pasivo.* El ingreso pasivo se obtiene incluso cuando tú no realizas trabajo alguno desde el punto de vista físico. El dinero que Mike y yo ganamos con nuestro negocio de libros de tiras cómicas era ingreso pasivo. El dinero que se obtiene del negocio de bienes raíces es ingreso pasivo. Ésa es la manera en que yo gané mi dinero durante muchos años, y fue una manera extremadamente buena. Adquirí edificios de departamentos, y luego renté los departamentos a personas que me pagaron cada mes por vivir allí.

  El ingreso pasivo también proviene de negocios que estableces para que alguien más dirija las operaciones diarias. El negocio de libros de tiras cómicas que Mike y yo creamos funcionaba de esa manera.

El ingreso pasivo también proviene de las regalías; se trata de ingreso que proviene al escribir un libro o una canción o al aparecer en un comercial que se transmite por la televisión o la radio. Cada vez que se vende un libro, que se canta una canción o se transmite un comercial, las personas que participaron generalmente obtienen algo de dinero. En ocasiones esa suma asciende a sólo unos cuantos centavos, pero esos centavos pueden acumularse hasta convertirse en muchos dólares.

Las personas que son ricas generalmente son buenas al generar ingreso pasivo. Su dinero trabaja para ellos mientras ellos trabajan de otras maneras, al administrar su portafolios, comenzar otros negocios, o simplemente al disfrutar sus vidas.

- *Ingreso de portafolios.* Si tienes dinero invertido en activos en documento (acciones, obligaciones o fondos mutualistas), tienes un ingreso de portafolios. El ingreso de portafolios funciona bajo el mismo principio que el ingreso pasivo. ¡Tu dinero trabaja para ti incluso cuando estás dormido!

Preguntas y respuestas de mi padre rico

¿Cuál es la mejor clase de ingreso?

Mi padre rico me decía frecuentemente: "La clave para convertirte en rico será tu capacidad para convertir el ingreso ganado en ingreso pasivo e ingreso de portafolios". También me dijo que los impuestos son más altos en el caso del ingreso ganado, y más bajos en el ingreso pasivo. Cuando nos dijo esto, nos quedó claro que la mejor clase de ingreso era aquella en que el dinero trabajaba más para nosotros y nos costaba menos: los ingresos pasivo y de portafolios.

Saber cuál es la mejor clase de ingreso es probablemente la segunda cosa más importante que necesitábamos recordar. La cosa más importante que mi padre rico nos dijo que necesitábamos recordar fue… (¡Redoble de tambor, por favor!)

Lo único que necesitas recordar es...

Un día, cuando Mike y yo estábamos en la oficina de mi padre rico, nos dijo que si queríamos ser ricos, había sólo una cosa que necesitábamos recordar: "Conozcan la diferencia entre activos y pasivos", dijo, "y adquieran activos".

Cuando mi padre rico nos dijo esto, nosotros pensamos que bromeaba. Habíamos estado trabajando para él durante algún tiempo, esperando a que nos dijera el secreto para volvernos ricos, y esto parecía ligeramente anticlimático… ¡Incluso tonto! "Los ricos adquieren activos", continuó. "Los pobres y la clase media adquieren pasivos, pero ellos piensan que son activos".

"¿Quieres decir que todo lo que necesitamos saber es qué cosa es un activo y adquirirlos, y nos volveremos ricos?", le pregunté.

Mi padre rico asintió con la cabeza: "Así de sencillo".

"Si es así de sencillo, ¿entonces por qué no todos somos ricos?", le pregunté.

Mi padre rico sonrió: "Porque las personas no conocen la diferencia entre un activo y un pasivo".

Mi padre rico tardó sólo unos cuantos minutos en explicar la diferencia entre activos y pasivos.

Activos: Dinero que ingresa a tu bolsillo

La primera definición de mi padre rico, que nunca he olvidado, fue que un activo lleva dinero a tu bolsillo. Un activo debe generar ingreso de manera regular.

La definición tradicional de un activo es cualquier cosa que tú poseas que valga algo; que pueda ser "convertida en dinero" si lo necesitas. Mira a tu alrededor, en tu habitación. ¿Hay algún objeto que valga algo? Probablemente tienes más de lo que piensas... ¿Una computadora, un televisor, un teléfono celular? ¿Esquíes? ¿Un excelente guante de béisbol? ¿Una muñeca Barbie de colección? ¿Una colección de figurillas de cuando eras niño, o un Nintendo?

Tus activos también incluyen técnicamente el balance en cualquier cuenta bancaria que esté a tu nombre, o el valor actual de las acciones u obligaciones que has adquirido o que te han regalado. Y desde luego el efectivo que tienes en tu cartera. El dinero puede provenir de tu mesada, o de un empleo, o de un obsequio que alguien te dio.

Pero he aquí la trampa: Mientras que tú posiblemente consideras que todo lo que sea valioso en tu habitación es un "activo" (porque puedes venderlo por una cantidad decente de dinero en eBay), no es realmente un activo hasta que es vendido. ¿Por qué? Porque no aporta ningún dinero a tu bolsillo hasta ese momento. (¡Y entonces no constituye ya un activo porque ya no te pertenece!) Lo mismo ocurre con el efectivo en tu cartera: mientras esté en tu cartera, tu dinero no se está reproduciendo en secreto, ni aportando más dinero a tu bolsillo. Ése sería un sueño vuelto realidad, ¿no es así?

En cierta manera no es sólo un sueño. Existen otros lugares, además de tu cartera, donde el dinero "se reproduce a sí mismo"; cuando es invertido en activos que te proporcionan ingreso pasivo e ingreso de portafolios. Cualquier cosa que tú poseas que produzca ingreso pasivo o de portafolios es un activo.

Pasivos: Dinero que sale de tu bolsillo

Los pasivos son lo contrario a los activos. Los pasivos extraen dinero de tu bolsillo. De hecho, muchas de las cosas que mencionamos antes —el televisor o la computadora que tienes en tu habitación, que podrían ser considerados tradicionalmente como "activos"— son en realidad pasivos en este momento, porque necesitaste sacar dinero de tu bolsillo para obtenerlos. Y muchos de ellos, al ser convertidos en efectivo, te aportarán menos dinero del que pagaste por ellos.

Los pasivos también incluyen todo aquello que tú poseas. Si tomaste dinero prestado de un amigo, o de tu hermana o hermano, esa deuda es un pasivo. Si tus padres obtuvieron una hipoteca sobre tu casa y tienen que hacer pagos, eso también es un pasivo. Si pagas por algo con una tarjeta de crédito, creas deuda, y esa deuda también es un pasivo. Y desde luego, los impuestos que necesitas pagar son un pasivo.

¿Activo o pasivo?

Mi padre pobre decía: "Nuestra casa es nuestra inversión más grande y nuestro activo más importante".

Mi padre rico decía: "Mi casa es un pasivo, y si tu casa es tu inversión más grande, estás en problemas".

Mmm... ¿Así que la casa puede ser un activo y un pasivo? Así es, en realidad. Los activos pueden ser engañosos. Algo que pudiera parecer un activo puede convertirse en un pasivo. He aquí un ejemplo: una pareja se casa. Deciden vivir en un departamento en que uno de ellos vivía antes de contraer matrimonio. Después de todo, ellos piensan que dos pueden vivir por tan poco dinero como uno. Pero el departamento es muy pequeño. Deciden ahorrar dinero para comprar algún día la casa de sus sueños. Después de ello comienzan una familia.

La pareja tiene dos ingresos y gasta unos cuantos años trabajando duro y enfocándose en sus carreras. Sus ingresos suben, y también sus impuestos. De hecho, mientras más ganan, más impuestos deben pagar. Sus gastos también suben, pero eso es por su culpa. Cada vez que uno de ellos obtiene un aumento, salen a celebrarlo. Compran un televisor más grande. Cambian su automóvil por un modelo más bonito. Ahorran poco dinero.

Finalmente adquieren la casa. Están muy orgullosos de su primer activo. Sin embargo, pronto descubren que tienen que pagar impuestos a la propiedad, y son altos. Y su casa nueva es mucho más grande que su departamento y tienen muchas más habitaciones. A continuación compran muebles.

Dado que rentaban su departamento y no pudieron llevarse los aparatos cuando se mudaron, adquieren una estufa, un refrigerador, una lavadora y una secadora de ropa. La mayoría de los cuartos necesitan aire acondicionado. A continuación compran cuatro unidades, y su cuenta de electricidad sube durante los meses de verano. Cada mes realizan el pago de la hipoteca al banco para liquidar el préstamo que asumieron cuando compraron la casa.

Esa hermosa casa, su llamado "activo" se ha convertido en un pasivo. ¿La razón? Está extrayendo dinero de sus bolsillos, y no está aportando dinero a sus bolsillos. Así de sencillo. Ésa es la manera en que mi padre rico nos lo explicó a Mike y a mí, y desde entonces nunca nos ha resultado desconcertante.

Podrías decir: "Bien, eso no puede ocurrirme, porque yo no soy dueño de una casa". No estés tan seguro. Supongamos que compras un automóvil. El automóvil parece ser un activo, pero al pagar por la gasolina extraes dinero de tu bolsillo cada semana. Un día el automóvil se descompone y tú debes pagar por remolcarlo a la estación de servicio. Las refacciones son caras. Al cabo de poco tiempo, tu activo se ha convertido en un pasivo. Además de consumir gasolina, tu automóvil consume dinero. Además de lo anterior, su valor de reventa comienza a disminuir desde el día en que lo compraste. Quizá puedas venderlo por partes y obtener suficiente dinero para pagar un par de almuerzos en la escuela...

Supongamos que tus padres adquieren una casa. La casa está en buenas condiciones cuando la compran, y se encuentra en una calle tranquila y arbolada. Poco después abren un gran centro comercial cerca de la casa, y ésta se encuentra repentinamente con una buena ubicación. Debido a su ubicación deseable, el valor de la casa se incrementa. Si tus padres quisieran venderla probablemente obtendrían mucho más de lo que pagaron. Pero...

Supongamos que poco después se abre un complejo de 20 cines en el centro comercial, y repentinamente tu calle tranquila se encuentra saturada de tráfico con conductores enfadados que hacen sonar sus bocinas y el aire se llena de humo de los escapes de los automóviles. El valor de tu casa se desploma. Hasta que el tráfico sea redirigido (o se promulguen leyes más severas que prohíban hacer sonar la bocina), tu calle tranquila será más ruidosa que Times Square en la víspera de Año Nuevo.

Para empeorar las cosas, un día de invierno el calentador de agua se descompone y el techo comienza a tener goteras. De repente tus padres comienzan a gastar dinero en una casa que consideraron que era una compra segura. ¡No lo es más!

Volvamos a tu habitación. Tu computadora y todos los demás aparatos tecnológicos en o alrededor de tu escritorio fueron los más avanzados, los más caros, los más recientes cuando los compraste. Sin embargo, al momento de llevarlos a la casa —de hecho, en el instante en que abriste los paquetes— tu equipo comenzó a depreciarse (es decir, su valor comenzó a disminuir).

Piensa en el último teléfono celular que tú tenías que tener porque hacía un sonido de cierta manera o tenía una cámara fotográfica incluida. Bien, ahora existen teléfonos que tienen mejor música o que son capaces de sacar mejores fotografías. Pronto existirá un nuevo modelo en el mercado (digamos, el modelo 6.0 en vez del modelo 5.0, dado que el número mayor siempre ocasiona que tú tengas que comprarlo). Repentinamente el teléfono celular en tu mochila no valdrá el costo del plástico con que lo fabricaron.

Yo llamo a esas cosas "boberías". El valor de las boberías disminuye en el momento en que las compras.

Cuando mi padre rico nos explicó esto a Mike y a mí, estuvimos parados en silencio, esperando a que nos dijera qué hacer. Estoy satisfecho en afirmar que la solución es muy fácil, y que la mayoría de la gente la conoce pero a menudo no la sigue: adquirir activos que producen ingreso. Y ésa es la manera en que yo gané mi fortuna. Mantener los edificios de departamentos que poseo y que rento departamento por departamento me cuesta dinero, pero también constituyen una fuente estable de ingresos.

"¿Qué puede hacer un adolescente?", podrías estar preguntándote. Compra con cuidado. No gastes demasiado dinero en boberías. ¡Considera tus activos! ¿Has coleccionado objetos cuyo valor se haya incrementado? Mira tu habitación nuevamente y cuida esos discos compactos, esas cartas autografiadas, fotografías o pelotas de béisbol, así como las figurillas de juguete de tu infancia. Algún día podrían ser vendidas por más dinero que el que pagaste por ellas; pero no hay garantía de ello.

Mejor aún, mantén los ojos y oídos alertas en busca de maneras en que tú y tus amigos puedan comenzar un negocio. Un negocio puede convertirse finalmente en algo que te produzca ingreso pasivo. Y una vez que obtengas dinero de tus negocios, trata de comprar acciones y obligaciones que incrementarán su valor y se convertirán en activos que produzcan ingresos.

Así que…

- Los activos aportan dinero a tu bolsillo.
- Los pasivos extraen dinero de tu bolsillo.
- Adquiere activos que produzcan ingreso.

¿Está claro? Sigamos adelante.

Capítulo 6

El secreto del dinero de mi padre rico: Todo depende del flujo de efectivo

Estados financieros: Leer los números

"Si quieres ser rico, debes leer y comprender los números", nos dijo mi padre rico a Mike y a mí en cientos de ocasiones. Para decirlo de manera sencilla, mi padre rico nos enseñó al utilizar tantas imágenes —y tan pocas palabras— como fuera posible. Lo primero que hizo fue dibujar un diagrama para mostrarnos la manera más sencilla de dar seguimiento a los activos y pasivos: los estados financieros.

Los estados financieros muestran la relación entre lo que tienes y lo que debes. Se trata de algo en que confían los contadores y las personas que dirigen los negocios (tanto grandes como pequeños) para hacer su trabajo y mantener sus negocios funcionando adecuadamente. Los estados financieros son como una fotografía que muestra tu situación monetaria en un momento dado. Se componen de dos partes: una declaración de ingresos y una hoja de balance.

A la declaración de ingresos también se le llama "estado de pérdidas y ganancias", lo cual en realidad describe su propósito de manera más clara. Simplemente muestra qué dinero está ingresando y qué dinero está saliendo, y te proporciona una idea aproximada de qué dinero puedes tener disponible. La declaración de ingresos representa los ingresos y gastos a lo largo de un periodo específico.

Una hoja de balance muestra la relación (y en ocasiones el conflicto) entre los activos y los pasivos. Se trata de una especie de fotografía de un momento determinado.

El patrón de dinero que ingresa y sale se denomina "flujo de efectivo".

Mi padre rico nos mostró unos cuantos dibujos muy sencillos. Si quieres reproducir éstos para elaborar tus propios estados financieros, toma una hoja de papel en blanco y dibuja una serie de cuatro cuadros en un patrón parecido al siguiente:

Ingreso
Gasto

Activos	*Pasivos*

La mitad superior de los estados financieros, los cuadros de ingreso y gasto, constituyen tu declaración de ingresos. La mitad inferior, correspondiente a los cuadros de activos y pasivos, es tu hoja de balance.

Los estados financieros nos informan dónde está el dinero. De manera ideal, deseamos tener más ingresos que gastos, y más activos que pasivos. Al observar el patrón del flujo de efectivo podemos determinar en qué dirección avanza nuestro dinero.

El patrón de flujo de efectivo de un activo

El patrón de flujo de efectivo de un activo tiene el siguiente aspecto:

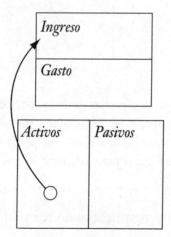

La flecha, que representa el flujo de dinero, va del cuadro de activos al cuadro de ingreso, lo que significa que el activo está generando dinero.

Éste es el patrón de flujo de efectivo de alguien que es rico.

El patrón de flujo de efectivo de un pasivo

El patrón de flujo de efectivo de un pasivo tiene el siguiente aspecto:

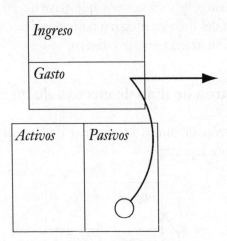

La flecha del flujo de efectivo va de la sección de pasivos a la sección de gasto, y a continuación sale de la gráfica, lo que significa que el dinero se ha perdido. Todo el dinero ha sido utilizado para adquirir lo que tú posees.

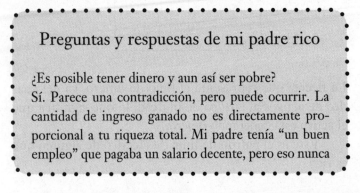

Preguntas y respuestas de mi padre rico

¿Es posible tener dinero y aun así ser pobre?
Sí. Parece una contradicción, pero puede ocurrir. La cantidad de ingreso ganado no es directamente proporcional a tu riqueza total. Mi padre tenía "un buen empleo" que pagaba un salario decente, pero eso nunca

le hizo romper sus hábitos de padre pobre. El padre de Mike pudo haber ganado casi la misma cantidad de dinero (o incluso menos) que mi padre con su trabajo en la plantación de azúcar, pero lo invirtió bien y se volvió rico.

Los estados financieros de mi padre pobre tenían el siguiente aspecto:

Ingreso
Gasto

Activos	*Pasivos*

Por otra parte, los estados financieros de mi padre rico reflejarían menos gastos en relación con la misma cantidad de ingreso. Su cuadro correspondiente a los pasivos sería mucho más pequeño que el cuadro correspondiente a activos. Sus estados financieros se parecerían a la siguiente gráfica:

Ingreso
Gasto

Activos	Pasivos

De manera que, como puedes ver, si mantienes en el cuadro de activos tanto dinero como puedas y en el cuadro de pasivos tan poco como te sea posible, serás rico. Es así de sencillo.

Crea tus propios estados financieros

¡Ahora es tu turno! Mediante los mismos cuatro cuadros (denominados "Ingreso", "Gasto", "Activo" y "Pasivo"), puedes elaborar fácilmente tus propios estados financieros.

Comencemos por tu ingreso. ¿Tienes un empleo que desempeñas después de regresar de la escuela o durante los fines de semana? Éste será el primer rubro en nuestra hoja de ingresos. Agrega cualquier cosa que represente un ingreso de dinero: tu mesada, así como cualquier regalo recibido en dinero.

Ahora veamos el dinero que egresa. ¿Cuáles son tus gastos? Elabora una lista de absolutamente todo aquello en que puedas pensar que gastas tu dinero. También debes crear categorías. A continuación se incluyen algunos ejemplos para ayudarte a hacerlo. Conforme leas esta lista, encierra en un círculo las cosas que adquieres de manera regular y advierte cuánto dinero, en promedio, gastas en cada categoría mensualmente.

- Alimentos: refrescos, dulces, palomitas de maíz en el cine, cenas y bocadillos
- Ropa: zapatos, uniformes escolares, ropa de fin de semana, accesorios (bolsas, cinturones, joyas)
- Artículos deportivos: ropa (uniformes, trajes de baño), zapatos (botas de alpinista, tenis para deportes específicos, patines), equipo (tabla de surf, patineta, bicicleta, raquetas de tenis)
- Transporte: Público (autobús, metro), privado (taxis, automóvil), gasolina, casetas, costo de afinaciones o reparaciones
- Entretenimiento: películas (boletos de cine, renta de videos), discos compactos, dvds (compra o renta), suscripciones a revistas, libros, boletos para concierto, factura del teléfono celular
- Artículos de la farmacia: shampoo, cera para las uñas, desodorante, maquillaje
- Belleza y aliño: cortes de cabello, manicura, pedicura.
- Provisiones para la mascota: comida, arena para la caja del gato, correas, juguetes
- Artículos de precio alto: boletos de avión, automóvil nuevo, matrícula de la escuela, contribución a los gastos familiares, teléfono celular

¿Cuántos rubros has encerrado en un círculo? Existe una buena posibilidad de que hayas encerrado en un círculo artículos en todas esas categorías. Es posible que incluso tengas más rubros que agregar. Como puedes ver, tu dinero probablemente no tendría una oportunidad de permanecer en tu hoja de ingresos por mucho tiempo.

Las declaraciones de gastos de tus padres incluirían muchos más rubros, como los pagos de renta o hipoteca, mantenimiento, servicios (gas y electricidad), automóvil (gasolina y reparaciones), educación para sus hijos (¡Tú!) vacaciones para sí mismos y la familia, el cuidado de sus propios padres cuando envejecen, y fiestas.

Cuando piensas en ello, es sorprendente que quede algún dinero en la sección de ingreso. ¡Los gastos pueden ser onerosos!

¿Advertiste que la mayoría de tus casos parecían encajar en unas cuantas categorías? ¿No estás seguro de a dónde va tu dinero? Existe una solución sencilla para ese problema: conserva los recibos.

Cada vez que sacas la cartera para pagar algo, pide que te extiendan un recibo; en efecto, cada vez que lo hagas, incluso si es sólo para comprar goma de mascar. Esto te conduce a pensar acerca de tu compra. Al estar consciente de la manera en que gastas tu dinero, pensarás dos veces antes de adquirir algo. En vez de "Tengo que comprar eso", quizá comenzarás a pensar: "¿Tengo algo similar en casa?" Pronto verás que cada dólar te alcanza para comprar más cosas porque permanecerá en tu cartera un poco más de tiempo.

¿Adónde va tu dinero?

¿Sales de tu casa con dinero en el bolsillo y regresas con casi nada, incluso a pesar de que sólo estuviste fuera por un par de horas? O bien hay muy buenos carteristas en la zona donde vives, o estás gastando tu dinero sin siquiera darte cuenta de que lo haces.

He aquí un ejercicio: Da seguimiento a lo que gastas en tu diario del padre rico por sólo un día. Si puedes encontrar un cuaderno pequeño, colócalo dentro de tu cartera de manera que puedas verlo cuando necesites pagar algo. También podrías poner una banda de hule elástico alrededor de tu cartera y tu cuaderno para mantener ambos objetos juntos. Cada vez que compres algo, apúntalo en tu cuaderno.

Al utilizar este método de la banda elástica y el cuaderno te será más difícil tener acceso a tu dinero. Eso te hará estar más consciente de qué tan frecuentemente buscas tu cartera.

No olvides llevar contigo una pluma o un lápiz.

¿En dónde estás desde el punto de vista financiero?

De manera que has elaborado tu declaración de ingresos al llenar los espacios correspondientes a tus ingresos y gastos. Ahora es tiempo de trabajar en la hoja de balance. Si tienes acciones, obligaciones o cuentas bancarias de cualquier tipo, apúntalas en el cuadro dedicado a activos. También necesitarás incluir su valor en cantidades equivalentes en moneda. Es fácil saber exactamente cuánto dinero tienes en una cuenta bancaria, pero necesitarás realizar una estimación del valor de tus acciones y obligaciones.

A continuación incluye una lista del valor de cualquier pasivo que puedas tener: un préstamo para la compra de un automóvil o cualquier deuda que quizá tengas con otras personas; cualquier cosa que implique una erogación de tu bolsillo cada mes.

Para obtener el valor neto, resta los pasivos de los activos. El valor neto de tu patrimonio debe ser un número "plus" o positivo. Si tienes más pasivos que activos, entonces el valor neto de tu patrimonio será negativo. Si debes más de lo que tienes, entonces necesitarás revisar tu plan financiero. Y definitivamente es tiempo de pensar en tu presupuesto.

Atiende tu propio negocio

Cuando conocemos verdaderamente la diferencia entre un activo y un pasivo, estamos en posibilidades de comenzar a adquirir auténticos activos. Y tú serás capaz de mantener una columna de activos sólida. Una vez que el dólar ingresa a tu columna de activos, piensa de esta manera: ese dólar se convierte en tu empleado. Éste es un buen ejemplo de hacer que el dinero trabaje para ti. Al "atender tu propio negocio" verdaderamente estarás en el camino correcto hacia la independencia financiera.

Estirar el dinero

Si sabes en qué gastas tu dinero, serás capaz de tomar decisiones acerca de cómo recortar tus gastos. Inténtalo durante un día y verás cuán frecuentemente adquieres cosas sin pensarlo. Inténtalo por una semana y volverás a casa con casi la misma cantidad de dinero que tenías cuando saliste. Adicionalmente, existen muchas maneras de estirar tu dinero. He aquí algunos ejemplos:

- Piensa en algunas formas de "reciclar" ropa vieja. ¿No te gusta esa camiseta que compraste en el momento más álgido de tu etapa rosa? Tíñela.
- En vez de ir a almorzar todo el tiempo con tus amigos, almuerza en casa de alguien. Con todos esos grandes programas de cocina en la televisión, es sencillo encontrar ideas sobre comidas sencillas. Ésta es una manera garantizada de divertirte y mantener los costos bajos al mismo tiempo.
- Si existen provisiones que adquieres de manera regular —shampoo, papel o baterías, por ejemplo— cómpralas a granel y cuando estén de oferta. Siempre ahorrarás dinero de esta manera y tendrás existencias listas para consumir en casa cuando las necesites.

Capítulo 7

El secreto del dinero de mi padre rico: Practica juegos de mesa para aprender

Padre pobre: "Estudia para aprender".
Padre rico: "Practica juegos para aprender".

¡Juega para aprender!

Mi padre rico nunca hizo las cosas de la manera que esperábamos. Eso provocó que Mike y yo estuviéramos siempre alertas y que amáramos lo que estábamos aprendiendo. Mi padre rico nos había explicado los enormes conceptos de activos y pasivos con ayuda de dibujos sencillos. A continuación, nos tenía reservado algo más, algo sorprendente.

Mi padre rico solía decir: "Los juegos son un reflejo de la vida real. Mientras más juegues, más rico te volverás". ¡Qué gran concepto, el de la vida representada por el tablero de juego! ¡Me encantó! Siempre me había gustado el juego de *Monopolio*®. Ahora mi maestro y mentor me decía que jugar *Monopolio* me enseñaría acerca del dinero.

El juego de *Monopolio* trata de bienes raíces de manera superficial, pero utiliza los principios relacionados con el dinero, como los activos y el ingreso pasivo, a que me referí en el capítulo anterior. Cuando juegas *Monopolio*, cada vez que das una vuelta al tablero recibes 200 dólares. Con base en lo que aprendía de mi padre rico, me di cuenta de que eso era como obtener un salario —o ingreso ganado— y si me las arreglaba para conservar el dinero y colocarlo en algún lugar donde pudiera obtener más dinero, yo tendría un activo.

Incluso desde que era un niño pequeño que jugaba *Monopolio*, me interesaban los bienes raíces. Yo compraba casas o un hotel en cada oportunidad que tenía durante el juego. Eso significaba que cada vez que otro jugador llegaba a la casilla en que yo poseía una propiedad, tenía que pagarme renta. Mis activos me generaban ingresos, que se convertían en dinero con el que podía adquirir más activos. Yo aprendí eso de mi padre rico, pero ahora lo estaba viendo en acción. El cielo era el límite en términos del dinero que podía ganar.

Comencé a concebir la idea de la manera en que esto se traduciría a la vida real, y al flujo de efectivo real. Si yo poseía un edificio o una casa de departamentos y las personas rentaban departamentos en el edificio, el dinero ingresaría de manera mensual.

Debido a que me gustaba tanto el juego de *Monopolio* cuando era niño, desarrollé mi propio juego como adulto que enseña algunas de las cosas que mi padre rico me enseñó. Actualmente tengo tres juegos de mesa: *CASHFLOW® 101* y *CASHFLOW® 202*, para adultos, y *CASH-FLOW® for KIDS* (para niños). Estos juegos también están disponibles en formato electrónico. Se trata de *CASH-*

FLOW® THE E-GAME(101) y *CASHFLOW® for KIDS at Home* (para los niños en el hogar). Incluso existe una versión especial para maestros que puede ser utilizada en el salón de clases: *CASHFLOW® for KIDS at School* (para los niños en la escuela).

Si posees el juego *CASHFLOW® THE E-GAME (101)*, puedes convertirte en miembro de nuestro sitio web de suscripción, intitulado Rich Dad's INSIDERS, y practicar el juego en línea con gente de todo el mundo. Acude al sitio www.richdad.com para obtener más información. Todos los juegos te permiten poner a prueba los conceptos y metas que estás aprendiendo en este libro, y es igualmente divertido (si no es que más) que el juego de *Monopolio*, porque refleja el mundo real en que vives hoy en día.

De la "carrera de la rata" a la "pista rápida"

La idea de todos mis juegos consiste en salir de la "carrera de la rata" —el ciclo interminable de ganar dinero y pagar las cuentas— y pasar a la "pista rápida", donde tus activos generan dinero para ti y tú obtienes ingreso pasivo.

En el capítulo 2 me referí a las nuevas reglas. Las viejas reglas que describí —ir a la escuela, obtener un empleo, comprar una casa, obtener un salario— llevan a que la gente viva en la "carrera de la rata". En la carrera de la rata, todo lo que haces es ir a trabajar, pagar cuentas, trabajar más duro, ganar más dinero, comprar más boberías, pagar cuentas más onerosas, trabajar todavía más duro y continuar pagando las cuentas en vez de pasar más tiempo disfrutando de la vida y de tener la libertad de dar a los demás. Noventa por ciento de la población vive en la carrera de la rata, siempre en problemas para pagar las cuentas y viviendo al día, de un salario al siguiente. Ellos piensan que obtener un aumento de sueldo es la solución a sus problemas, pero recibir más dinero generalmente significa querer y comprar más pasivos, algo que aprendimos de la pareja sobre la cual leíste en el capítulo 5. La adquisición de más pasivos lleva a que la gente se hunda más profundamente en la carrera de la rata, y más profundamente en deuda.

Padre rico, hijo inteligente

También desarrollamos un sitio web para niños con cuatro juegos (en la dirección electrónica www.RichKidSmartKid. com) que enseñan sobre utilidades, deuda, administración del dinero, activos, y la importancia de donar por medio de la caridad. Puedes seleccionar juegos de acuerdo con distintas categorías de edad (desde el jardín de niños hasta la preparatoria) con el fin de hacer un gran repaso de todos los conceptos de este libro.

Uno de los juegos se llama *El puesto de helados de Jesse* (*Jesse's Ice Cream Stand*). La meta es ayudar a que Jesse obtenga utilidades de su negocio de helados, con el fin de que pueda irse de vacaciones. Él necesita averiguar qué sabores debe vender y qué precios debe cobrar con el fin de obtener la mayor utilidad posible con base en la demanda y el precio. En otro juego puedes ayudar a que Jesse finalmente salga de la carrera de la rata y pase a la pista rápida al construir activos, es decir, al ayudarle a descubrir la manera de ampliar su negocio de helados en toda la ciudad. Distintos tipos de activos funcionan mejor en diferentes locaciones de la ciudad. Al analizar la retribución sobre la inversión en cada una de ellas, puedes comenzar a ver con claridad la manera en que el dinero puede trabajar para ti incluso cuando tú no trabajas. Volveremos a referirnos a la "retribución sobre inversión" en el capítulo 10, o bien acude al sitio web, ahora mismo www.RichKidSmartKid.com para revisar el tema.

En *La deuda de Reno* (*Reno's Debt*) tú ayudas a que Reno practique el juego llamado *La carrera del queso* (*Cheese Run*) en un parque de diversiones; sin embargo, él necesita obtener algún dinero para poder practicar el juego. En este juego aprendes acerca de contraer deuda mala (donde tienes que pagarla tú) y contraer deuda buena (donde tu inversión paga la deuda), trabajar para salir de deudas, y obtener la mejor retribución sobre tu inversión.

El tercer juego del sitio, *El sueño de Ima* (*Ima's Dream*) se refiere a dar dinero a la caridad. La mejor manera de hacer eso es al pagarte primero a ti mismo; es decir, al utilizar el dinero de manera inteligente. Conforme gana dinero, Ima lo distribuye en tres bancos: para dar, para ahorrar y para invertir. Aprenderemos más acerca de estos bancos en el capítulo 9.

CASHFLOW® *para niños* en el hogar

Si adquieres la versión en disco compacto (cd-rom) de *CASHFLOW®* *para niños en el hogar*, advertirás que existen tres opciones de acuerdo con el nivel de edad: de cinco a siete años de edad (que puedes jugar con tu hermana o hermano menor), de ocho a 10 años y de 11 a 14 años de edad. Tanto la versión de ocho a 10 años de edad como la de 11 a 14 años de edad te desafían a salir de la carrera de la rata al encontrar maneras de ganar dinero mediante ingreso pasivo (¡Y sí, ya hemos aprendido acerca de todas estas cosas en este libro!)

Puedes practicar el juego solo o con otros jugadores. Cada jugador comienza el juego con algo de dinero y algún ingreso. ¡Lo que hagas a continuación depende de ti! Cada jugador hace rodar el dado (o en la versión electrónica hace clic en el dado virtual) para avanzar alrededor del tablero. Puedes llegar a una casilla roja, azul o amarilla, que representan gastos, oportunidades de negocios, o una tarjeta "resplandeciente", lo que significa que tienes la oportunidad de hacer algo bueno por los demás. Cuando llegas a una casilla verde y te ofrecen una oportunidad de negocios (como adquirir un edificio), tienes que decidir si se trata de una oportunidad buena o mala, con base en los hechos que se te proporcionan acerca de esa oportunidad. Puedes intentarlo, o puedes declinar la oferta y ahorrar tu dinero. Puedes incluso imprimir tu hoja de balance para hacerte una idea del estado de tus finanzas en cualquier momento durante el juego.

CASHFLOW® 101

En CASHFLOW® 101, al igual que en CASHFLOW® para niños, la meta es lograr que tu ingreso de las inversiones (tu ingreso pasivo) sea mayor que tus gastos, de manera que puedas salir y tratar de hacer realidad tus sueños en vez de preocuparte por trabajar a cambio de un salario. En este juego tienes la oportunidad de tratar de hacer realidad esos sueños, como cenar con el presidente o construir una biblioteca para niños o visitar las siete maravillas del mundo.

El juego te permite practicar la manera de ser un buen inversionista en los cuatro niveles de inversión: el pequeño negocio, el gran negocio, la pista rápida, y *CASHFLOW® 202*. Durante la partida, el juego te enseña sobre inversión y contabilidad. Y como dicen las reglas: "¡La educación financiera gana el juego!"

Preguntas y respuestas de mi padre rico

¿No es de niños practicar juegos de mesa?

De ninguna manera. Practicar juegos es como recibir una dosis rica en vitaminas de la vida real en un ambiente sano y divertido. Cuando juegas *CASHFLOW®*, por ejemplo, te encuentras en situaciones financieras nuevas cada vez que tiras el dado o haces clic con el mouse. Se trata de una experiencia instantánea, sin gastar dinero real. Con el tablero de juego o la versión electrónica obtenemos el beneficio de muchos años de experiencia en tan sólo unas cuantas horas de juego. El juego te permite percibir (en un lapso muy breve) que tienes opciones financieras.

¿Qué clase de jugador eres?

He visto a más de mil personas jugar *CASHFLOW*® y he obtenido retroalimentación de muchas más. ¿Qué clase de jugador eres? ¿Te reconoces en las descripciones que siguen? Califica cada descripción en una escala del 1 al 5. Encierra en un círculo el número que mejor te describe: 1 sería lo más distinto a ti, y 5 lo más parecido a ti.

1. Salen de la carrera de la rata rápidamente. Frecuentemente las personas que salen de la carrera de la rata más rápidamente son quienes comprenden los números y tienen mentes financieras creativas. Estas personas reconocen sus opciones rápidamente. Las personas que tardan más son aquellas que no se sienten cómodas con los números y no perciben el poder de invertir.

| 1 | 2 | 3 | 4 | 5 |

2. Permanecen "en el nido" demasiado tiempo. He notado que las personas que ganan mucho dinero en el juego frecuentemente no saben qué hacer con él. Es posible que tengan dinero pero los demás participantes en el juego parecen llevar ventaja sobre ellos. Esto también es verdadero en la vida real. Existen muchas personas que tienen mucho dinero pero no salen adelante desde el punto de vista financiero.

| 1 | 2 | 3 | 4 | 5 |

3. Creen "que nunca les ocurre algo bueno". He notado que algunas personas que practican el juego se quejan de que no reciben buenas tarjetas de oportunidades. No llegan a las casillas "buenas". De manera que sólo se sientan mientras los demás juegan. Conozco gente que hace eso en la vida real. Esperan la oportunidad "perfecta", en vez de correr riesgos.

| 1 | 2 | 3 | 4 | 5 |

4. Dicen: "No puedo pagarlo". He visto personas que reciben una tarjeta que representa una buena oportunidad de negocios, pero dicen que no tienen suficiente dinero para sacar provecho de ella. Esas personas me dicen que hubieran salido de la carrera de la rata si tan sólo hubieran tenido más dinero. Esas personas sólo se sientan allí, mientras los demás practican el juego. También hacen lo mismo en la vida real. Ven venir todos los grandes negocios, pero afirman que no tienen dinero para cerrar los tratos.

| 1 | 2 | 3 | 4 | 5 |

5. "Está frente a mis narices, pero no puedo verla". He advertido personas que reciben la tarjeta correcta, la leen en voz alta y no se dan cuenta de que se trata de una gran oportunidad. Tienen el dinero, es el momento oportuno y tienen la tarjeta, pero no pueden ver la oportunidad que tienen enfrente. No perciben la manera en que se ajusta a su plan financiero para

escapar de la carrera de la rata. Conozco más personas en este grupo que en todos los demás grupos juntos. La mayoría de las personas tienen la mejor oportunidad de sus vidas frente a ellos, pero simplemente no pueden verla.

1	2	3	4	5

¿Te reconoces en alguna de las descripciones correspondientes a los diferentes tipos de jugadores? Todas las personas que he descrito aquí son adultos. Frecuentemente las personas que comprenden el juego de manera más fácil son jóvenes porque están dispuestos a correr riesgos. Adivino que, debido a que estás leyendo este libro, te pareces más al jugador del ejemplo núm. 1. Si no lo eres, ¡No te preocupes! Practica el juego las suficientes ocasiones y verás que tu estilo de juego cambia.

He advertido que las personas ricas que practican el juego no lo hacen de manera pasiva. Participan, son creativos y corren riesgos "calculados", lo que significa que piensan bien su plan con gran cuidado, incluso a pesar de que el plan pudiera ser considerado riesgoso por otras personas.

Aprende a escoger —y crear— opciones

Espero que comprendas la idea: practicar juegos como *CASHFLOW®* realmente constituye una buena costumbre para tu vida. Es una manera en que puedes hacer uso de todos tus estilos de aprendizaje, de fortalecer tu inteligencia financiera y de pensar como rico. Conforme tu coeficiente intelectual financiero sea más y más alto, serás capaz de evitar la carrera de la rata en la vida real.

La inteligencia financiera significa tener creatividad para resolver problemas financieros. Si las oportunidades no se te presentan, ¿qué otra cosa puedes hacer para mejorar tu posición financiera? ¿Cuántas opciones puedes encontrar? Si se te presenta una oportunidad y no tienes dinero, y el banco no te proporcionaría un préstamo, ¿qué otra cosa puedes hacer para lograr que esa oportunidad funcione en tu beneficio? Si aquello con lo que contabas no ocurre, ¿cómo puedes convertir un limón en limonada, o en este caso, en millones?

Jugar el juego de la vida

He pasado muchos años desarrollando mi inteligencia financiera porque deseo participar en el juego más rápido y grande del mundo. Deseo utilizar mi mente a su mayor capacidad. Quiero estar en donde ocurre la acción. Es "lo que ocurre", lo que está de moda, y mientras más experimento, más emocionante se vuelve. Al principio puede parecer como un paseo en la montaña rusa el trayecto desde la carrera de la rata (donde se encontraba mi padre pobre) y la pista rápida (donde estaba mi padre rico, y donde yo deseaba estar), pero después se vuelve más y más sencillo.

Me he dirigido hacia la pista rápida durante la mayor parte de mi vida. Para la época en que Mike y yo teníamos

16 años de edad comenzamos a separarnos del resto de los estudiantes de la escuela. Trabajamos para el padre de Mike por las tardes y durante los fines de semana. A menudo pasamos horas después de trabajar, sentados a la mesa con mi padre rico mientras él sostenía reuniones con sus banqueros, abogados, contadores, corredores de bolsa, inversionistas, gerentes y empleados.

Mike y yo aprendimos más al sentarnos en esas reuniones de lo que aprendimos durante todos los años que pasamos en la escuela, incluyendo la universidad. Estábamos aprendiendo de acuerdo con las reglas nuevas, y una manera nueva de medir el éxito. No estábamos recibiendo calificaciones de 10, nueve u ocho, pero sabíamos cómo medir nuestro progreso.

"Las boletas de calificaciones son lo que ustedes obtienen en la escuela", nos dijo mi padre rico. "Cuando ustedes terminan sus estudios, su banquero no les pedirá su boleta de calificaciones. Les pedirá que le muestren sus estados financieros".

Excursiones

Una excursión constituye otra gran oportunidad para aprender. No, no es como las excursiones al museo de historia natural que los niños realizan en la escuela primaria. Sin embargo, un elemento que estas excursiones tienen en común es que tienen como objetivo sacarte de la escuela y proporcionarte una nueva perspectiva. Se trata de excursiones que te dan la oportunidad de ver en acción algunas cosas sobre las cuales quizá sólo has leído. Estas excursiones no constituyen en realidad "traslados" físicos, sino que son misiones de investigación que te permiten conocer situaciones de la vida real. He aquí algunos ejemplos:

- Pide a tus padres que te permitan sentarte con ellos mientras pagan sus cuentas mensuales
- Pide a tus padres que te permitan ver sus estados financieros, o elabora con ellos sus estados financieros
- Haz los arreglos para ir a trabajar con uno de tus padres o con el padre de un amigo para obtener una idea de cómo es un día de trabajo
- Elabora un presupuesto para los víveres y un plan de menú para tu familia correspondiente a una semana, y realiza las compras de los alimentos esa semana
- Si tus padres van a comprar un automóvil o un aparato electrodoméstico como un refrigerador o una lavadora de ropa, acompáñalos. Pídeles que te expliquen su decisión de pagar en efectivo o de financiar la compra de otra manera, y la forma en que afecta su presupuesto mensual y sus estados financieros
- Pide a tus padres que te lleven a una casa de corretaje. Será mejor si pueden hacer los arreglos para visitar a un corredor que esté dispuesto a hablar contigo sobre diferentes tipos de inversión y sus tasas de retribución, así como las diferencias entre las acciones de las corporaciones y la manera en que funcionan los fondos mutualistas. Tus padres pueden incluso permitirte que abras una cuenta
- La próxima vez que vayas a McDonald's, revisa cuidadosamente tu entorno y piensa en todos los distintos

jugadores financieros que participan en ese negocio y la manera en que obtienen su ingreso, como: el dueño de la tierra y/o del edificio, el dueño del negocio, el dueño de las fábricas que proporcionan los diversos bienes que ves a tu alrededor, los empleados en el mostrador, las personas que han sido contratadas para hacer que el negocio funcione. ¿Quiénes de ellos poseen activos? ¿Quiénes de ellos pasan más tiempo en el restaurante? ¿Quiénes pasan menos tiempo allí?

- La próxima vez que te encuentres en un edificio de departamentos, realiza un pequeño ejercicio de matemáticas. Observa los buzones y cuenta cuántos departamentos crees que hay en el edificio. A continuación realiza una estimación de cuánto paga el inquilino promedio al mes para vivir allí. Multiplica ambos números para averiguar a grandes rasgos qué clase de ingreso mensual obtiene el dueño. A continuación considera qué gastos puede tener el propietario, además del pago mensual de la hipoteca por el edificio, así como el mantenimiento y los empleados de seguridad. Este número debe ser restado del ingreso mensual. ¿Qué clase de utilidades recibe el dueño? ¿Son buenas? Si conoces alguien en el edificio, pregúntale si ve al dueño constantemente en ese lugar. ¿Cómo crees que pasa su tiempo el dueño o dueña?

Todas estas "excursiones" te permitirán comprender más (y posiblemente participar) de los asuntos financieros de tu familia, y te ayudarán a ser más responsable desde el punto de vista financiero.

Crea tu propio flujo de efectivo

Tercera Part

Cuca, tu pronto fluje de electivo

Capítulo 8

Oportunidades de ganar dinero para jóvenes

De manera que al llegar a este punto probablemente estás diciendo: "Muy bien, comprendo acerca de activos, pasivos y flujo de efectivo, pero sólo soy un adolescente sin un fideicomiso. ¿Cómo puedo lograr un ingreso de efectivo?"

Trabaja para aprender, no para ganar dinero

Existen muchas maneras de ganar dinero, incluso si tienes 16 años o menos. Te garantizo que tú —sí, tú— puedes ofrecer un servicio o habilidad que la gente quiere y necesita y por los que está dispuesta a pagar. Si convertirte en mesero o empleado no te parece muy emocionante, eso no me sorprende. Yo aprendí de mi padre rico, quien me indicó que en vez de ello debía comenzar un negocio.

Siempre puedes repartir periódicos, recoger las hojas de los árboles en el otoño o palear nieve en la acera durante el invierno, de la misma forma en que tus padres quizá lo hicieron cuando eran niños, pero puedes hacerlo con un sesgo moderno: reúne a tus amigos y conviértelo en un negocio del barrio que genere dinero para ti, incluso a pesar de que tú no realices todo el trabajo.

En vez de pasear la mascota de tu vecino a cambio de unos cuantos dólares, por ejemplo, puedes comenzar un negocio especializado en pasear perros. En vez de ser un empleado, conviértete en empresario. Cuando te encuentras en los negocios por ti mismo, estás en el asiento del conductor.

Si deseas convertirte algún día en dueño de negocios pero no puedes "despegar" inmediatamente, las ventas son una aptitud muy importante que puedes aprender en este periodo. La buena noticia es que puedes obtener experiencia en las ventas en cientos de sitios diferentes, ya sea en supermercados, las tiendas de los centros comerciales o en restaurantes. Las lecciones que aprendes en una industria frecuentemente pueden ser aplicadas en otras. ¡De manera que el hecho de que puedas trabajar actualmente en una zapatería no significa que sólo estás aprendiendo de zapatos!

¿Cuál es el trabajo adecuado para ti?

¿Cuál sería tu línea de trabajo ideal? Dedica algunos momentos para escribir ahora mismo en tu diario del padre rico algunas carreras que te vengan a la mente en una columna. A continuación, escribe en otra columna la lista de empleos a los que sabes que los adolescentes de tu área tienen acceso. ¿Puedes trazar líneas que relacionen los renglones de ambas columnas? Por ejemplo, ¿tienes la ilusión de ser dueño de una línea de diseño de ropa algún día? ¿Por qué no comenzar al trabajar en una tienda de ropa, de manera que empieces a aprender acerca del negocio? Cuando pienses acerca del lugar en que te gustaría trabajar, piensa primero en tus metas.

Si no pudiste relacionar ambas columnas, o después de haber relacionado ambas columnas, crea una tercera columna. Mi padre rico me decía que debía enfocar mi atención en esta columna: las oportunidades que puedes crear por ti mismo. Es posible que existan empleos inusuales de los que nunca has escuchado que sean desempeñados por un adolescente en tu comunidad, pero el hecho de imaginarlos constituye una oportunidad de aprendizaje que te interesa. Tan sólo porque no conozcas a nadie de tu edad que lo haya desempeñado, ¿significa que debas dejar de investigarlo?

Desde luego, aunque sería maravilloso que pudieras trabajar en tu tienda de ropa o de discos favorita, no todos somos tan afortunados. Recuerda, a mí no me gustaba mi primer trabajo colocando mercancía en los estantes, pero lo hice porque creí que aprendería algo de mi padre rico. Así que lo diré nuevamente: *¡Trabaja para aprender, no para ganar!*

El trabajo es un intercambio

Cuando mis padres me dijeron que no tenían dinero para enviarme a la universidad, les dije que encontraría la manera de pagar mi propia educación. Para entonces ya había comenzado a ganar mi propio dinero. Pero no era el dinero que ganaba lo que pagaría mi matrícula escolar. Lo que realmente me sirvió para pagarlo fueron las lecciones que aprendí al ganar ese dinero.

A la edad de nueve años aprendí un concepto muy importante que me enseñó la manera de sobrevivir por cuenta propia: el intercambio. Mi padre rico me dijo: "Puedes tener todo lo que quieras siempre y cuando estés dispuesto a intercambiar algo de valor por aquello que deseas". Lo que eso significó para mí es que mientras más di, más obtuve. Al trabajar gratis cuando tenía nueve años aprendí la lección del intercambio. Le demostré a mi padre rico que estaba dispuesto a trabajar a cambio de que me enseñara acerca de dinero.

Con el fin de crear un intercambio justo, debes aprender lo que vale cada empleo para ti. Debes buscar la oportunidad, no el salario. Si estás en un empleo que valga sólo la cantidad de dinero que termina en tu bolsillo luego de que recibes tu sueldo, eso no constituye un buen intercambio. Trabajar para ganar significa que proporcionas una cierta cantidad de tu tiempo y generalmente recibes una cantidad de dinero que es igual (o menor) a lo que tú consideras que vale tu tiempo. Trabajar para aprender significa que generalmente obtienes a cambio algo más valioso que el tiempo que dedicas, ¡Además del dinero! ¿Así que cuál te parece mejor?

Preguntas y respuestas de mi padre rico

¿Qué pasa si quiero trabajar pero mis padres no me lo permiten?

Supongamos que quieres obtener un empleo después de la escuela, pero tus padres simplemente dicen "no". Pregúntales por qué. Si la razón es que temen que eso disminuirá el tiempo que dedicas a los estudios, necesitas considerar si están o no en lo correcto.

Por otra parte, si verdaderamente quieres trabajar para aprender, y puedes convencer a tus padres de ello, es posible que vuelvan a pensarlo. La mayoría de los padres apoyarán los esfuerzos de sus hijos por aprender. O si les demuestras que estás comprometido a comenzar tu propio negocio (en vez de trabajar a cambio de un salario mínimo para un patrón), muchos padres que ofrecen resistencia también pueden cambiar de parecer. Es difícil vencer la mentalidad común a los padres de que pasar todo tu tiempo libre trabajando para obtener mejores calificaciones, es la mejor preparación para el éxito. Pero si tus padres advierten que eres innovador y de carácter empresarial, es probable que comiencen a comprender cuáles son tus motivaciones y habilidades. ¡Existen posibilidades de que quieran alentar y fomentar esas cualidades en ti!

Lluvia de ideas de negocio

Muchos jóvenes no se dan cuenta de que existe trabajo que está a su disposición incluso en los primeros años de su adolescencia. Si tienes 13 años o menos, puedes cuidar bebés, repartir periódicos, actuar, o trabajar para tus padres en la oficina. A los 14 también puedes trabajar en una oficina que no pertenezca a tus padres, o en una tienda de víveres, de comercio al menudeo, en un restaurante, una sala de cines, un parque de béisbol, un parque de diversiones o una gasolinera. A los 16 puedes trabajar prácticamente en todas partes, excepto en empleos peligrosos como el almacenamiento o fabricación de explosivos, o conduciendo vehículos de motor.

Es tiempo de comenzar una lluvia de ideas nuevamente. He aquí una lista de empleos que puedes desempeñar:

- Sé un tutor
- Enseña a personas de todas las edades cómo utilizar una computadora
- Lee para un vecino anciano
- Cuida el bebé de un vecino más joven
- Conviértete en mago para las fiestas de cumpleaños de niños
- Lava automóviles
- Lleva recados. Entrega paquetes
- Riega las plantas o pasea las mascotas de los vecinos cuando estén fuera
- Cose: haz arreglos de ropa, o crea disfraces para las fiestas infantiles

- Antes de la navidad: comienza un servicio de decoración de árboles navideños
- Después de la navidad: ofrece el servicio de retiro de árboles navideños
- Elabora camisetas o chaquetas personalizadas
- Conviértete en asistente personal: escribe cartas, realiza investigaciones
- En el verano puedes trabajar de tiempo completo en una guardería o en la alberca local
- Monta obras de teatro o comedias. Cobra por la admisión

Éste es sólo el principio. ¿Qué otras ideas se te ocurren?

Para tu información: Las cosas que no puedes hacer

Es importante advertir que existen empleos que no son los adecuados si tienes menos de 18 años. No puedes conducir un vehículo de motor, incluso si tienes una licencia de conducir. Tampoco puedes operar equipos o trabajar en una escalera o andamio. Si tienes menos de 14 ó 15 años (dependiendo de dónde vivas), no puedes hornear o cocinar.

Dado que los diferentes estados tienen leyes distintas, te recomiendo que revises el sitio web del Departamento del Trabajo de Estados Unidos antes de comenzar un empleo específico. En ese lugar encontrarás una lista detallada de las reglas relacionadas con la edad para todo el país y en específico para cada estado. También existe una página especial titulada "Niños y jóvenes", que proporciona un atajo a los enlaces que pueden ser de tu interés, con toneladas de información sobre empleos, salarios mínimos, reglas sobre tiempo extra y otros derechos laborales. Por ejemplo, existen reglas sobre el máximo número de horas que puedes trabajar en una semana.

En dónde buscar trabajo

Cuando comienzas a buscar un empleo, puedes encontrar una oportunidad a cada momento. Supongamos que te encuentras en una tienda un día y tienes que esperar en la cola durante mucho tiempo para pagar lo que estás comprando. Busca al gerente y pregúntale si la tienda podría emplear a alguien más en las cajas registradoras. Los empleadores buscan personas ingeniosas y con iniciativa. ¿Quién sabe? Quizá un día dirijas tu propia compañía textil o boutique. Muchas personas que se convirtieron en los dueños comenzaron por aprender desde abajo.

He aquí otros lugares donde puedes buscar empleo.

- Pregúntale a tu familia, amigos, vecinos y parientes de tus amigos. ¡Pregúntale a todos tus conocidos!
- Revisa los tableros de mensajes en tu escuela, en los supermercados cercanos al lugar donde vives, y en la biblioteca pública. Si el transporte constituye un problema, acude a lugares que se encuentren cercanos a tu casa, de manera que puedas caminar hasta ellos
- Acude a tiendas donde te gusta comprar y pregunta si hay empleos disponibles

- Revisa las listas de tu cámara de comercio. Muchas ciudades tienen cámaras de comercio, generalmente en la avenida principal, y muchas cuentan además con programas de empleo para adolescentes
- Asiste a entrevistas de información
- Revisa internet. Dos buenos sitios web son:
www.afterschool.gov/tncareer.html Este sitio contiene una lista de otros sitios que tienen empleos, y de internados para adolescentes. Un internado es un empleo que generalmente se desempeña por un periodo breve (en un verano o durante un semestre) y que generalmente no paga un salario
www.youthrules.dol.gov ¡Viva la juventud! Este sitio está dirigido a ayudar a los jóvenes con su primera experiencia como parte de la fuerza laboral, ya sea en un empleo de medio tiempo o durante el verano
- Revisa los anuncios del diario
- Acude a agencias de empleo

Vale la pena advertir que, aunque puede ser emocionante buscar oportunidades de empleo, también debes ser cuidadoso. No trabajes solo o por la noche. Comenta tu búsqueda de empleo con tus padres y manténlos informados en cada etapa. Y recuerda, manténte alejado de empleos en que recaudes dinero para alguien más.

Unas cuantas cosas acerca de tu sueldo

Un inconveniente de trabajar —incluso si trabajas para aprender— es que tendrás que pagar impuestos por primera vez. Afortunadamente a tu edad resulta generalmente sencillo llenar las formas de la declaración de impuestos.

Debes pagar impuestos federales si ganas más de cierta cantidad por año (7 mil dólares en Estados Unidos), lo que significa que tendrás que presentar declaraciones fiscales cada año antes del 15 de abril. Y en la mayoría de los estados también debes pagar impuestos estatales, sin importar cuánto ganes. Si decides obtener un empleo, asegúrate que tú y tus padres han investigado acerca de las regulaciones relacionadas con los impuestos.

Una cierta cantidad de dinero es retenida de cada pago de tu sueldo y destinada a tu retiro, denominado "seguro social", y al seguro médico, Medicare en Estados Unidos. Así que recuerda que si aceptas trabajar 10 horas a la semana por cinco dólares la hora, no llevarás a casa 50 dólares en efectivo al terminar la semana.

¿Ves por qué es mucho mejor trabajar para aprender, y no para ganar? Es muy difícil ganar mucho dinero si dependes únicamente de tu sueldo. Pero al menos tu sueldo te ayudará a poner en movimiento tu flujo de efectivo.

Pregúntale a un experto —encuentra a un mentor

Mi padre rico fue mi mentor cuando yo crecía. La mejor manera de averiguar acerca del trabajo es encontrar tu propio mentor; alguien que sea exitoso en el campo en que deseas participar. Pregúntale si puedes acompañarlo al trabajo una o dos veces, o incluso varias veces. Conviértete en su "pupilo".

Tu mentor es como un entrenador individual, alguien a quien puedes dirigirte cuando tengas preguntas. Si vas a realizar negocios por cuenta propia, tu mentor te ayudará a averiguar cuál tipo de negocio sería el mejor para ti. Él o ella pueden incluso ayudarte a averiguar qué honorarios cobrar y cuánto pagar a tus empleados por hora. Sin embargo, lo más estimulante es el hecho de que habrás descubierto a una persona que se convertirá en tu modelo personal.

Un mentor también es alguien que se ocupa de ti. Él o ella revisarán regularmente lo que hayas hecho y te proporcionará retroalimentación. Puede tratarse de un pariente, el hermano o hermana mayor de un amigo, un maestro que te ayuda con una materia específica al sugerirte libros que leer, o alguien para quien trabajas que te entrenará en el empleo simplemente porque ve en ti potencial para el éxito.

Nadie dijo que el éxito era sencillo y se presentaría solo. El hecho de tener un mentor o cualquier tipo de ayuda no constituye un motivo de vergüenza. De hecho, muchas personas famosas han tenido mentores; sin esos modelos de conducta que creyeron en ellos, muchos de esos personajes famosos no hubieran logrado la riqueza o la fama que eventualmente consiguieron.

Durante los próximos días pregúntales a personas mayores si tienen actualmente mentores o si tuvieron mentores mientras crecieron. Pregúntales a tus maestros, a los hermanos mayores de tus amigos, a tus tías, tíos o padres. La mayoría de ellos probablemente tiene una gran historia acerca de alguien que les sirvió de verdadera inspiración en algún momento de sus vidas. Pregúntales cómo conocieron y establecieron relaciones con esas personas, y considera si puedes o no aplicar algunas de esas lecciones a tu propia vida.

Capítulo 9

Maneja tus activos

La estrategia de la alcancía

Muy bien, de manera que ahora trabajas, buscas un empleo, o quizá sólo piensas acerca de ganar dinero. Cuando ganes dinero, necesitarás colocarlo en alguna parte. Guardar el dinero debajo del colchón, como lo hacían en las caricaturas y en las películas antiguas, probablemente no es una buena idea. ¿Pero recuerdas las alcancías? Las alcancías son una gran manera de ahorrar para los niños pequeños, porque realmente puedes observar la manera como crece tu dinero. Las monedas de cinco, 10 y 25 centavos se acumulan rápidamente y sirven para comprar mucha goma de mascar y otras cosas que los niños pequeños compran.

Es posible que pienses que la vieja alcancía que tienes en tu ropero es algo para niños pequeños; pero es probable que tú hayas sido mucho más inteligente acerca de ahorrar dinero cuando eras niños de lo que eres ahora. Lo que yo aprendí de mi padre rico es que no importa qué edad tengas, debes tener una alcancía; y no sólo una. Mi padre rico recomendaba que yo tuviera tres alcancías, cada una dedicada a un propósito específico.

Alcancía número 1: Caridad

Una de las cosas realmente maravillosas acerca de ser rico es tener la capacidad de ayudar a los demás. A lo largo de los años me he dado cuenta de que muchas de las personas más ricas del mundo donan dinero. Para ser verdaderamente rico necesitamos tener la capacidad de dar, así como la de recibir. Dar dinero es una de las mejores maneras de ayudar a corregir los males del mundo. Es un sentimiento maravilloso el de ver un problema y saber que tienes el poder de donar el dinero a una causa o grupo que ayudará a hacer del mundo un lugar mejor. Comprar cosas para ti mismo es bueno, pero dar dinero a los demás constituye el mejor sentimiento del mundo. ¡Pruébalo! Tendrás una idea del verdadero poder del dinero.

Existen muchas oportunidades de dar. Para encontrar una organización caritativa con la que simpatices poderosamente, presta atención a los anuncios de servicio público en la televisión y la radio, y revisa el periódico en busca de artículos acerca de fundaciones e instituciones de ayuda. El diario *New York Times* tiene una columna intitulada "Las causas más necesitadas", que relata historias acerca de personas que tienen necesidad y enumera las instituciones caritativas que les hacen llegar el dinero. Es posible que exista una columna similar en tu periódico.

Revisa internet. Algunos de tus autores o personajes célebres favoritos incluso cuentan con sus propias fundaciones para donar dinero. Hacer contribuciones a sus instituciones caritativas puede constituir una manera de sentirte relacionado con ese personaje que admiras, o de agradecer a un escritor por las horas de placer que la lectura te ha proporcionado.

En lo que se refiere a enviar dinero a una institución, comenta con tus padres lo que pretendes hacer. Sin importar que nos gustaría pensar que todo mundo es honesto, existen muchos defraudadores que pretenden recaudar dinero para instituciones caritativas pero que sólo se ayudan a sí mismos. Tus padres pueden ayudar a asegurarte de que una organización es reconocida.

Cuando envíes tu contribución, es mejor enviar un cheque. Si no tienes una cuenta de cheques, puedes pagar mediante una orden de envío de dinero. Un cheque o una orden de envío de dinero son la manera más segura de enviar dinero por correo y también sirve para conservar un registro de tu contribución. Las contribuciones caritativas son deducibles de impuestos, lo que significa que mientras más contribuciones realices, menos pagarás por impuestos.

Alcancía número 2: Ahorros

Mi segunda alcancía era la de los ahorros. Mi padre rico consideraba que era importante tener dinero suficiente para cubrir un año de gastos. Hoy en día esa fórmula es difícil de seguir, pero la idea era la de contar con un respaldo de ahorros, dinero guardado de manera segura "para un día lluvioso". Esta alcancía representa la seguridad. Aunque es importante tener algo de dinero en esta alcancía, también es importante no depositar en ella todo lo que sobre de tus ingresos después de realizar tus gastos. He aquí la razón:

La mayoría de las cuentas de ahorros te reportan un interés —es decir, un porcentaje del total en tu cuenta— cada mes. Es una manera de alentarte a que conserves tu dinero en el banco, de forma que el banco pueda utilizarlo. Puede parecer muy emocionante recibir dinero en tu cuenta cada mes como por arte de magia. Pero la verdad es que la tasa de interés generalmente no es muy alta. El lugar en que verás los verdaderos resultados es al colocar tu dinero en tus activos.

Un viaje al banco

Acude a un banco cercano a ti después de ir a la escuela. (No olvides decirles a tus padres a dónde vas. O invita a uno de tus padres a que te acompañe.)

En el banco, pide hablar con un empleado de atención a clientes. Ellos podrán describir cada tipo de cuenta que ofrecen y explicar las tasas de interés actuales que corresponden a cada una de ellas. Cuéntale de tus necesidades. ¿Tienes algún dinero que deseas guardar durante varios años? ¿Necesitas tener una cuenta que te permita sacar dinero cuando lo necesites? Existen cuentas que satisfacen cada una de tus necesidades.

También puedes llevar a casa los folletos disponibles en el banco y leer acerca de los diferentes tipos de cuentas y la manera de abrir una de ellas. Busca las respuestas a estas preguntas clave: ¿Qué cuentas requieren de un saldo mínimo? ¿Qué cuentas ofrecen las tasas de interés más altas? ¿Qué cuentas te permiten expedir cheques y hacer retiros de dinero cuando lo solicites?

Alcancía número 3: Inversiones

Mi tercera alcancía era para inversiones y representaba riesgo y aprendizaje, compra y construcción de activos. Cuando tenía nueve años utilicé ese dinero para invertir en los libros de tiras cómicas, y más tarde en monedas raras, acciones y bienes raíces. Como sabes ahora, la tercera alcancía es aquella en que mi padre rico me enseñó que debía enfocarme. La segunda alcancía es la que la mayoría de la gente piensa que necesita enfocarse. Pero dado que las inversiones generalmente proporcionan más dinero que las cuentas de ahorros, mi padre rico sabía que la tercera alcancía merecía mucha más atención con el fin de crear riqueza.

Preguntas y respuestas de mi padre rico

¿No son las alcancías para los niños pequeños?
Debo admitir que la idea de las tres alcancías suena infantil, pero de hecho es muy sofisticada. Yo aún conservo tres alcancías. Son un buen recordatorio visual. Guardar el dinero en una alcancía es en realidad una metáfora acerca del lugar adonde va el dinero si estás ahorrando e invirtiendo de manera inteligente. ¡El dinero crece!

Tener dinero constituye una gran oportunidad para hacer cosas buenas en el mundo. La inteligencia financiera te permitirá trabajar o no trabajar, adquirir todo lo que quieras sin tener que preocuparte por el precio, o dar dinero a una institución caritativa o una causa que es importante para ti. El dinero que no va acompañado de inteligencia financiera se convierte pronto en dinero perdido.

¿Qué harías si obtuvieras un millón de dólares?

Hace muchos años había un programa de televisión llamado "El millonario". Cada episodio comenzaba con un hombre que se presentaba en la casa de alguien con un cheque, y mostraba la reacción de la gente al obtener dinero. Las personas que eran codiciosas, o que permitían que sus emociones decidieran la manera de gastar el dinero, frecuentemente perdían el dinero en un breve periodo. Aquellos que comprendían mejor el poder de dinero lo donaban con desapego, o lo utilizaban bien al distribuirlo en sus propias "alcancías".

Si fueras millonario, ¿A quién le darías un millón? ¿Cómo crees que reaccionaría esa persona? ¿Cómo crees que manejaría el dinero? ¿Cómo crees que tú lo gastarías? ¿Qué porcentaje colocarías en cada alcancía?

Haz crecer tu dinero

Es posible que cuando eras niño hayas visto algunos libros que tenían la imagen de un niño o niña regando con agua una "planta de dinero". Me imagino que ésta es una manera sencilla de enseñar a los niños que si tienen cuidado con su dinero, éste crecerá. ¿Pero qué significa "cuidar" de tu dinero?

Después de aprender acerca de las tres alcancías, es posible que pienses que se trata de sentarte y no hacer nada con el dinero. ¿Y qué diversión habría en ello? La

134

buena noticia es que llenar las alcancías sólo es una parte de la fórmula. La otra parte es lo que quizá parece ser exactamente lo opuesto: se trata de mantener tu dinero en movimiento. ¡Ésa es la mejor parte! La diversión comienza una vez que tienes algo de dinero en todas tus alcancías.

La retribución sobre la inversión

Mi padre rico solía decir: "los ahorradores son perdedores". Él no nos decía que ahorrar el dinero fuera malo. Él quería que comprendiéramos que ahorrar tenía sus limitaciones. He aquí un ejemplo. Supongamos que decido comprar un edificio de departamentos y rentar los departamentos. Yo compro el edificio por 100 mil dólares y utilizo 10 mil de mis ahorros para realizar el pago inicial. Acudo al banco por una hipoteca, lo que significa que pido prestado el resto del dinero (90 mil dólares) del banco para comprar el edificio y pagar esa suma (más los intereses) en cantidades pequeñas a lo largo del tiempo.

Al cabo de un año, el ingreso que obtengo de las rentas de los inquilinos —menos lo que he pagado por hipoteca, impuestos y mejoras— es capaz de reembolsarme los 10 mil que pagué originalmente. Ahora puedo tomar esos 10 mil y comprar otro edificio, casa, negocio o acciones bursátiles. Como decía mi padre rico, mi dinero ha regresado muy rápidamente. La retribución sobre mi inversión fue de 100 por ciento. Yo aún soy el dueño del edificio, pero ya no tengo mi propio dinero en él. Ahora todos los ingresos que recibo proporcionan una tasa infinita sobre la inversión. Si hubiera conservado esos 10 mil iniciales en mi cuenta de ahorros, el dinero no habría ido a ninguna parte.

Primero págate a ti mismo

Volvamos a las tres alcancías. Originalmente tomé el dinero que necesitaba para comprar el edificio de departamentos de la alcancía número dos. Tan pronto como gané algo de dinero, el primer lugar en que puse ese dinero fue de regreso en mi alcancía. Esta idea de pagarte a ti mismo primero proviene de un libro escrito por George Clason titulado *El hombre más rico en Babilonia (The Richest Man in Babylon)*.

Observa los siguientes estados financieros.

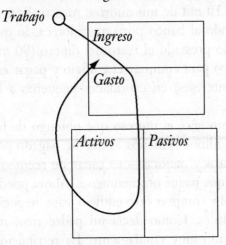

Éstos son los estados financieros de una mujer que primero se ha pagado a sí misma. Cada mes deposita dinero en la columna de activos (ingreso) antes de pagar mensualmente los gastos de su hipoteca y su matrícula escolar. Incluso cuando tiene poco dinero, primero se paga a sí misma. No recurre a sus ahorros, incluso cuando le hace falta dinero de vez en cuando. Eso le hace pensar en verdad acerca de la manera de obtener la diferencia.

En el siguiente capítulo me referiré a la deuda. Puede sonar contradictorio, pero existe algo que llamamos "deuda buena".

¿Ya eres rico?

En la Introducción te pedí que colocaras una tarjeta en alguna parte a la mitad del libro como un indicador de tu camino para volverte rico. ¿Cómo te va? Dedica un momento a escribir en tu diario del padre rico tus ideas sobre lo que ha cambiado. ¿Consideras que estás gastando menos? ¿O al menos estás más consciente de dónde gastas tu dinero? ¿Tienes más confianza en que al cambiar la manera de pensar acerca del dinero te pondrá en el camino hacia la libertad financiera?

Capítulo 10

Maneja tu deuda

La deuda buena y la deuda mala

Probablemente te preguntas cómo manejar la deuda —en vez de deshacerte de ella— puede constituir una lección importante en un libro acerca de volverte rico. Yo solía pensar que los ricos no podían conocer el significado de deuda, y que las palabras "rico" y "deuda" no podían existir en la misma oración, o incluso en la vida de la misma persona.

Mi padre pobre trabajó toda su vida para salir de deudas. Mi padre rico trabajó toda su vida para endeudarse. "Si quieres ser rico" decía, "debes conocer la diferencia entre deuda buena y mala".

Los conceptos básicos de la tarjeta de crédito

Cuando obtienes un regalo en efectivo por tu cumpleaños, ¿qué es lo primero que haces? Sales a gastarlo, ¿no es cierto? Es como si alguien te dijera que no pensaras en la palabra "elefante". Es difícil, ¿no es así? Tengo la sensación de que tan pronto como te dije que no pensaras en esa palabra, te vino a la mente. Yo sé que decirle a alguien que no gaste dinero puede desencadenar una reacción similar.

Si no puedes resistir la tentación de comprar boberías y tienes problemas para mantener tu dinero en la cartera, tener una tarjeta de crédito hace más difícil que conserves tu dinero. Con el dinero real, verdaderamente puedes ver los billetes. Al llegar a la caja registradora tienes que sacar el dinero de la cartera, contarlo, pagar y obtener tu cambio. Con una tarjeta de crédito, todo lo que tienes es un pedazo de plástico que le extiendes al cajero o a la persona detrás del mostrador (o simplemente lo haces pasar por la ranura de una máquina) y firmas. ¡Es todo! El proceso es tan sencillo, que difícilmente te das cuenta de que estás pagando por algo. Y eso puede ser peligroso.

La espiral descendente

Tener una tarjeta de crédito puede hacer que te metas en problemas. He aquí como funciona. Tú recibes una tarjeta de crédito por correo con una tasa de interés baja por introducción. Con este mágico pedazo de plástico ahora puedes comprar cosas con el dinero que no tienes. Puedes comprar todo lo que quieras. Tener una tarjeta de crédito es como tener un cheque en blanco, hasta que llega la cuenta. Es sorprendente lo rápido que tus compras son incluidas en tu estado de cuenta, la lista ordenada que te proporciona la fecha y cantidad de todas y cada una de tus compras. Y aquí es donde el problema realmente se convierte en una espiral descendente.

El estado de cuenta de la tarjeta de crédito tiene la fecha en que se vence el pago y la cantidad que debes pagar. No sólo menciona la cantidad total, sino el pago mínimo que debes realizar. Mmmm..., 10 dólares no parecen mucho dinero, según te parece. Sólo realizaré el pago mínimo hasta pagar por mis compras.

Si pagas tu deuda mediante la opción del pago mínimo, existen muchas posibilidades de que lo que sea que hayas comprado se descomponga o pase de moda mucho antes de que lo hayas pagado. Pagar la cantidad mínima de tu estado de cuenta generalmente significa que tendrás que pagar el precio de una tasa de interés extremadamente alta. En caso de que no lo sepas, ése es el porcentaje de tu deuda total que es agregada a tu cuenta cada mes. Así que cada mes tu cuenta crece sin que tú compres nada nuevo. Es peor que pagar dinero en un pasivo; es casi como si estuvieras tirando el dinero al retrete y jalaras la cadena.

Digamos que compras un televisor de pantalla plana por 2 mil dólares, y lo pagas a lo largo del tiempo con el pago mínimo. Podrías tardar 30 años en pagar si tu tarjeta de crédito cobra una tasa de 18 por ciento de interés.

Asume el control de tu cuenta de tarjeta de crédito antes de que esté fuera de control. Mientras más viejo seas, más difícil resultará. Es bueno comenzar a practicar la disciplina ahora. La próxima vez que tú y tus amigos vayan al centro comercial, decide ver los artículos en las vitrinas, en vez de atiborrarte de boberías que pasarán de moda en unos cuantos meses. Y si compras algo con la tarjeta de crédito, haz el esfuerzo de pagar la cantidad total cuando llegue la cuenta.

Las tarjetas de crédito pueden ser tu peor pesadilla, pero no siempre. De hecho, si utilizas tu tarjeta de crédito de manera inteligente —es decir, si pagas tu cuenta de manera puntual—, tendrás una excelente oportunidad de establecer buenos antecedentes crediticios. Eso te ayudará posteriormente en tu vida cuando necesites tomar dinero prestado para adquirir activos que te proporcionarán ingreso pasivo, como bienes raíces, que son activos que producen ingreso. Las tarjetas de crédito también te ayudarán a hacer un seguimiento sobre la manera en que gastas tu dinero.

Un dólar a la vez

A menudo, cuando ofrezco conferencias, le digo a la gente que con cada billete de dólar que llega a sus manos tienen el poder de decidir su destino. Tú también puedes hacerlo. ¿Serás rico o pobre? Si gastas el dinero tontamente habrás escogido ser pobre. Si gastas el dinero en pasivos una y otra vez, siempre serás miembro de la clase media. Si aprendes cómo obtener activos, escogerás que la riqueza sea tu meta y tu futuro. La elección es tuya: cada día, con cada dólar que recibes y con cada dólar que gastas. Se trata de una responsabilidad enorme y constituye un asombroso sentimiento de poder. ¡Tu futuro financiero está en tus manos!

Conclusión

Tu ventaja financiera

En 1990, mi mejor amigo, Mike, asumió el imperio de su padre, y de hecho realiza un mejor trabajo que su padre. Ahora prepara a su propio hijo para que tome su lugar, de la misma forma en que su padre nos enseñó. Debido a que fue persistente al trabajar para aprender (no para ganar) desde que comenzó, a los nueve años de edad, Mike obtuvo su inteligencia financiera. Él es la clase de persona que ha creado su propia suerte y él ha creado su propia fortuna. Tomó lo que la vida le ofrecía y lo hizo mejor.

Yo me retiré en 1994, cuando tenía 47 años de edad y mi esposa Kim tenía 37 años. El retiro no significa no trabajar. Podemos trabajar o no hacerlo según escojamos, y nuestra riqueza crece automáticamente. Nuestros activos crecen por sí mismos. Es como si hubiéramos plantado un árbol de dinero. Lo regamos y cuidamos por varios años, y luego no nos necesitó más. Sus raíces habían alcanzado una profundidad suficiente. Ahora el árbol nos proporciona sombra para nuestro disfrute.

Cuando era joven no siempre comprendí lo que mi padre rico me decía. Como ocurre con muchos grandes maestros, sus palabras continuaron enseñándome durante años. Sus palabras y lecciones todavía me acompañan.

¡Escoge sabiamente!

Sólo tengo un último consejo para ti en este momento: escoge a tus amigos y mentores de manera inteligente. Ten cuidado de quién tomas consejo. Si quieres llegar a alguna parte, es mejor encontrar a alguien que ya haya estado allí.

Por ejemplo, si decides que quieres escalar el Monte Everest el próximo año, obviamente buscarías el consejo de alguien que haya escalado esa montaña antes. Sin embargo, en lo que se refiere a escalar montañas financieras, la mayoría de la gente pide consejo a personas que se encuentran atrapadas en pantanos financieros.

Mi padre rico me alentó siempre a tener un entrenador o mentor. Él decía constantemente: "Los profesionales tienen entrenadores, los aficionados no".

Por ejemplo, yo juego golf y tomo lecciones, pero no tengo un entrenador de tiempo completo. Ésta es probablemente la razón por la que pago dinero para jugar golf en vez de que me paguen por hacerlo. Sin embargo, en lo que se refiere a los juegos de negocios e inversión, tengo entrenadores; varios de ellos. ¿Por qué tengo entrenadores? Tengo entrenadores porque me pagan para practicar esos juegos.

Así que escoge a tus mentores de manera inteligente. Ésa es una de las cosas más importantes que puedes hacer. Otra de las cosas importantes que puedes hacer es escoger a tus amigos de manera inteligente.

Las personas con quienes pasas tiempo son tu futuro

Saca tu diario del padre rico y escribe los nombres de las seis personas con quienes pasas más tiempo. Recuerda que el elemento a tomar en cuenta es con quién pasas más tiempo, no el tipo de relación que tienes. (No sigas leyendo hasta que hayas escrito esos seis nombres.)

Yo asistí a un seminario hace aproximadamente 15 años, en que el instructor nos pidió que hiciéramos lo mismo. Escribí mis seis nombres. Él nos pidió que revisáramos los nombres que habíamos escrito, y anunció: "Están ustedes mirando su futuro. Las seis personas con quienes ustedes pasan más tiempo son su futuro".

Las seis personas con las que pasas la mayor parte del tiempo no necesariamente son siempre amigos personales. Para algunos de ustedes puede tratarse de maestros, familiares o miembros de su iglesia. Mi lista fue muy reveladora una vez que comencé a ver debajo de la superficie. Yo obtuve una perspectiva acerca de lo que me gustaba de mí mismo y de lo que no me gustaba.

El instructor nos hizo acudir a otra parte de la habitación y reunirnos con otras personas para comentar nuestras listas. Mientras más comenté mi lista con otras personas, y mientras más les escuché hablar, más me di cuenta de que necesitaba realizar algunos cambios.

En realidad este ejercicio tiene poco que ver con las personas con las que pasas tiempo. Se relaciona con el sitio a donde vas y lo que estás haciendo con tu vida.

Quince años después realicé el mismo ejercicio, y las personas con quienes pasaba la mayor parte del tiempo eran distintas, con excepción de una. Los otros cinco de mi lista anterior todavía son amigos queridos, pero rara vez nos vemos. Son grandes personas y son felices con sus vidas. Mi cambio sólo se relaciona conmigo mismo. Yo quería cambiar mi futuro. Para cambiar mi futuro de manera exitosa, tuve que cambiar mi manera de pensar, y como resultado, las personas con quienes pasaba el tiempo. Elige pasar tiempo con personas que comprendan y aprecien tu visión y tus metas. ¡Mejor aún, escoge pasar tiempo con personas que las compartan!

Lo que obtuve de mis dos padres

Mis dos padres fueron hombres generosos. Ambos tenían la costumbre de primero dar. Enseñar fue una de sus maneras de dar. Mientras más daban, más recibían. En cierta forma yo me convertí en ambos padres cuando crecí. Una parte de mí es el capitalista que ama el juego del dinero y ganar dinero. La otra parte de mí es un maestro responsable desde el punto de vista social, que está profundamente preocupado con la brecha creciente entre quienes tienen y quienes no tienen.

Un cimiento sólido

Mike y yo recibimos un sólido cimiento para nuestro conocimiento. Aprendimos que nuestro activo más poderoso es nuestra mente. Si es adiestrada para ver oportunidades, puede crear una enorme riqueza en un breve periodo. Mike y yo aprendimos esta lección cuando éramos niños. Ahora que somos adultos, todavía construímos nuestros cimientos sólidos. Lo que mi padre rico nos enseñó todavía es válido. Eso es lo que espero que este libro haya hecho por ti. Espero haber sido tan buen maestro para ti como mi padre rico lo fue para mí.

Espero que con mayor educación financiera serás capaz de escoger exactamente lo que quieres hacer con tu vida, ya sea saber cómo dirigir una importante casa disquera, ser dueño de bienes raíces, convertirte en policía forestal o crear negocios. Con el conocimiento de cómo cuidar de ti mismo desde el punto de vista financiero, también serás capaz de cuidar de los demás, ya sea al donar dinero a la caridad o al ser capaz de dar a tus amigos y a los miembros de tu familia las cosas que quieren y necesitan sin tener que preocuparte. Esto te ayudará a llevar una vida más rica y plena.

Gracias por leer este libro.

ROBERT T. KIYOSAKI.

Activo: Algo que aporta dinero "a tu bolsillo" de manera regular, con la menor cantidad de trabajo directo.

Capital: Efectivo, o algo sobre lo que existe un valor acordado. El dinero o los bienes que son propiedad de un negocio, o que son empleados por el mismo.

Declaración de ingresos: Un formato que muestra tus ingresos y gastos a lo largo de un periodo de tiempo. También se le conoce como estado de pérdidas y ganancias.

Flujo de efectivo: Efectivo que ingresa y efectivo que egresa (como gasto). La dirección del flujo de efectivo determina si algo es definido como ingreso, gasto, activo o pasivo.

Fondo mutualista: Una variedad de acciones bursátiles, obligaciones o valores reunidos y administrados por una compañía profesional de inversiones, y adquirido por los inversionistas individuales mediante acciones. Las acciones no poseen valor de propiedad directa de las compañías que componen el fondo.

Hipoteca: Si estás financiando tus bienes raíces, la propiedad es utilizada como garantía sobre la cantidad de dinero que estás tomando prestada. La hipoteca es un instrumento de seguridad.

Hoja de balance: Una imagen de tus activos y pasivos que te proporciona una perspectiva del estado de tus finanzas.

Ingreso pasivo: Ingreso generado de tus inversiones, como intereses, dividendos y rentas de bienes raíces, con una cantidad mínima de trabajo.

Negocio: Un sistema de compra y venta de productos y servicios con la intención de obtener una utilidad.

Pago inicial: Un porcentaje del precio de venta que un inversionista paga por una inversión. El resto del precio es financiado más tarde por otros medios.

Pasivo: Algo que extrae dinero de tu bolsillo.

Retribución sobre la inversión: Mi padre rico consideraba que la retribución sobre la inversión era el dinero reembolsado, o el porcentaje de reembolso del capital (bienes en tu posesión que trabajan para proporcionar un ingreso) de una inversión. Por ejemplo: Un edificio de departamentos cuesta 500 mil dólares. Tú pagas 100 mil como pago inicial. Esto genera un flujo de efectivo mensual de 2 mil dólares. Tu retribución sobre la inversión es 2 mil por 12 (24 mil) dividido entre 100 mil, ó 24 por ciento.

Acerca del autor

Robert T. Kiyosaki

Es inversionista, empresario, educador y autor.

Nacido y criado en Hawai, Robert Kiyosaki pertenece a la cuarta generación de una familia nipón-americana. Después de graduarse en la universidad de Nueva York, Robert se unió al Cuerpo de Marines y prestó sus servicios en Vietnam como oficial y piloto de helicóptero de artillería. Después de la guerra, Robert trabajó como vendedor de la compañía Xerox Corporation. En 1977 fundó una compañía que introdujo al mercado las primeras "carteras de playa" de nylon y velcro. Y en 1985 fundó una compañía internacional educativa que enseña negocios e inversión a decenas de miles de estudiantes en todo el mundo.

En 1994 Robert vendió su negocio y, por medio de sus inversiones, fue capaz de retirarse a la edad de 47 años.

Durante su breve retiro, Robert escribió el libro *Padre rico, padre pobre*, que a la fecha ha vendido cerca de 17 millones de copias en todo el mundo. El éxito de *Padre rico, padre pobre* preparó el camino para la serie de libros del padre rico; actualmente son nueve en total. La mayoría de esos libros han obtenido excelentes lugares en las listas de los libros mejor vendidos de *New York Times*, *Wall Street Journal*, *Business Week*, USA *Today* y otros.

Antes de convertirse en un autor de best sellers, Robert creó el juego de mesa educativo *CASHFLOW® 101* para enseñar a los individuos las estrategias financieras y de inversión que su padre rico pasó años enseñándole. Fueron algunas de esas mismas estrategias las que permitieron que Robert se retirara a los 47 años de edad. Cientos de clubes de *CASHFLOW®*, independientes de la empresa The Rich Dad Company, han surgido en todo el mundo. Miles de personas se reúnen de manera regular y juegan *CASHFLOW® 101*.

Con el lanzamiento de la versión electrónica de *CASHFLOW® 101*, los miembros de la comunidad del padre rico en todo el mundo pueden reunirse para jugar y aprender juntos en línea. *CASHFLOW® 202*, el juego avanzado, está ganando gran popularidad tanto en la versión de juego de mesa como en la versión electrónica.

En palabras de Robert: "Vamos a la escuela para aprender a trabajar duro para ganar dinero. Yo escribo libros y creo productos que le enseñan a la gente a hacer que el dinero trabaje duro para ellos. Entonces ellos pueden disfrutar de los lujos de este mundo maravilloso en que vivimos."

La empresa The Rich Dad Company es un esfuerzo de colaboración de Robert T. Kiyosaki y Kim Kiyosaki quienes en 1997 iniciaron sus trabajos para elevar la educación financiera de la gente en todo el mundo.

La Fundación para la Educación Financiera

Debido al éxito de los libros y productos *Padre Rico*, Robert y Kim Kiyosaki han creado la Fundación para la Educación Financiera. Esta fundación fue creada para apoyar los programas y organizaciones educativos, caritativos, religiosos y científicos que utilizan la educación financiera para enseñar la diferencia entre los ingresos ganado, pasivo y de portafolios, y educar a los individuos para que conviertan el ingreso ganado en ingreso pasivo y de portafolios. La misión de la fundación refleja la misión de la organización *Padre Rico*: Elevar el bienestar financiero de la humanidad.

La Fundación para la Educación Financiera, una organización sin fines de lucro correspondiente al artículo 501 inciso c), fracción 3, establecida en 1999, ha proporcionado fondos por medio de donaciones individuales y corporativas. Para obtener mayor información consulta la dirección electrónica: www.ffliteracy.org